Lust auf Zukunft trotz Sorge und Zweifel

Renate Daniel / Johanna Haberer / Christiane Neuen (Hg.)

Lust auf Zukunft trotz Sorge und Zweifel

Mit einem Vorwort von Konstantin Rößler
und Beiträgen von Ernst-Peter Fischer,
Thomas Fuchs, Rainer Funk, Julia Helmke,
Verena Kast, Wolfgang Kessler,
Andreas Nehring, Anke Seitz

Patmos Verlag

Veröffentlichungen der Internationalen Gesellschaft
für Tiefenpsychologie e. V. Stuttgart
Geschäftsstelle: Postfach 701080, D-81310 München

Diesen Band erhalten die Mitglieder der Gesellschaft als Dokumentation über ihre
Arbeit. Der Gesellschaft gehören als Mitglieder an: Ärztinnen und Ärzte, Seel-
sorgerinnen und Seelsorger, Psychotherapeutinnen und Psychotherapeuten,
Psychagoginnen und Psychagogen, Psychologinnen und Psychologen, Pädagoginnen
und Pädagogen, Juristinnen und Juristen, Sozialarbeiterinnen und Sozialarbeiter, im
Heilberuf Tätige. Das Thema der Jahrestagung 2018 war »Lust auf Zukunft. Sorge –
Zweifel – Zuversicht«. Die Vorträge wurden durch Kurse und Gruppenarbeit vertieft
und ergänzt.

MIX
Papier aus verantwor-
tungsvollen Quellen
FSC
www.fsc.org   FSC® C083411

Für die Verlagsgruppe Patmos ist Nachhaltigkeit ein wichtiger Maßstab ihres Handelns.
Wir achten daher auf den Einsatz umweltschonender Ressourcen und Materialien.

Bibliografische Information der Deutschen Nationalbibliothek
Die Deutsche Nationalbibliothek verzeichnet diese Publikation in der
Deutschen Nationalbibliografie; detaillierte bibliografische Daten sind im
Internet über http://dnb.d-nb.de abrufbar.

Umschlaggestaltung: Finken & Bumiller, Stuttgart
Umschlagabbildung: © Ollyy/shutterstock.com
Druck: CPI books GmbH, Leck
Hergestellt in Deutschland
ISBN 978-3-8436-1190-9

Inhalt

Vorwort

»Lust auf Zukunft« scheint auf den ersten Blick für ein Tagungsthema eine gewagte Formulierung zu sein – angesichts einer Gegenwart, die von tiefer Sorge um die Zukunft der Menschheit geprägt ist. In den „Fridays-for-Future"-Demonstrationen, denen sich inzwischen auch viele Erwachsene angeschlossen haben, rütteln derzeit junge Menschen die Generation der Entscheidungsträger wach: Wir sollen umkehren auf einem Weg, der allem Anschein nach in eine Klimakatastrophe mündet. Zu sehr haben wir uns eingerichtet in einer ganz auf die Gegenwart ausgerichteten Welt, der erst langsam dämmert, dass ihre Zukunftsvergessenheit auf einen Abgrund zuführt.

Doch nicht nur die ökologische Basis, auch die bisherigen haltgebenden Ordnungen gesellschaftlichen Zusammenlebens, der internationalen Beziehungen und der grundlegenden Werte geraten ins Wanken und werden zunehmend als bedroht erlebt. Vor diesem Hintergrund einer massiven Dynamik des Wandels unserer Welt werden wir der fundamentalen Verantwortung für die Zukunft gewahr, die auf uns alle zukommt. Je unsicherer die Gegenwart, desto intensiver entwickelt sich das Bewusstsein für die Bedeutung der Zukunft.

Doch liegt in der Fokussierung der Wahrnehmung auf die Fülle künftiger Bedrohung auch eine Gefahr. Gerade aus tiefenpsychologischer Sicht ist es von erheblicher Bedeutung, mit welcher Haltung wir der Zukunft begegnen. Angst und Resignation können im Sinne einer sich selbst erfüllenden Prophezeiung die befürchteten Szenarien erst recht möglich werden lassen, genauso wie umgekehrt blauäugiges Vertrauen oder Leugnung der Realität für die aktuellen Gefahren blind machen.

Die Schülerinnen und Schüler ziehen derzeit freitags nicht nur aus Angst auf die Straßen, sondern weil sie sich eine lebenswerte Zukunft wünschen, die sie frei und im Einklang mit der Umwelt gestalten können. Die Beziehung zur Zukunft beruht also immer auch auf Zuversicht, Neugier und Sehnsüchten, die auf das Kommende gerichtet sind und die es zu ihrer Gestaltung ebenso braucht wie die Sorge oder den Zweifel.

In den Beiträgen des vorliegenden Bands werden all diese Aspekte aus den unterschiedlichen Perspektiven von Tiefenpsychologie, Theologie, Religionswissenschaften, Sozioökonomie, Medienwissenschaften und Philosophie betrachtet. Es geht dabei unter anderem um Fragen wie: Welche Haltung wird benötigt für eine lebenswerte Zukunft? Wie ist das Wesen des Künftigen beschaffen? In welche Widersprüche verstricken wir uns zwischen Heute und Morgen? Welche konkreten Vorschläge zur Zukunftsgestaltung – etwa eine allgemeine CO_2-Steuer, die inzwischen ins Zentrum der klimapolitischen Diskussion gerückt ist – gibt es? So spiegelt der vorliegende Band nicht nur das breite Spektrum der Herbsttagung der Internationalen Gesellschaft für Tiefenpsychologie 2018 wider, sondern er bietet zahlreiche geistige, praktische und gesellschaftspolitisch relevante Anregungen zum Thema, in der bei aller wachen Sorge die Lust und die Hoffnung auf eine gute Zukunft am Ende überwiegen mögen.

Konstantin Rößler

VERENA KAST

Utopie oder Retropie?

Von der Versuchung, Opfer zu sein, und von der Lust am Gestalten

Warum halte ich diesen Vortrag? Ich wehre mich dagegen, dass in einer Situation, in der die Menschheit vor sehr schwierigen Herausforderungen steht – ich nenne nur die ökologische Bedrohung und die Digitalisierung –, ein Megatrend in die Verklärung der Vergangenheit geht: Kopf in den Sand, Flucht in eine Vergangenheit, die es so nie gegeben hat, Flucht in eine große Nostalgiefantasie. Also keine lustvollen oder zumindest mutigen Konzepte für die Zukunft, keine Fantasien, wie das menschliche Leben und das Zusammenleben besser werden könnte, wie mit den Herausforderungen konstruktiv umgegangen werden könnte – das Beste liegt offenbar hinter uns. Aus Angst zurück zum Zurück! Nach rückwärts! Und was wollen wir da finden? Das Vertraute, Überschaubare, Kontrollierbare – das Kleinteilige wohl meistens. Eine notorische Unzufriedenheit pflegen? Sich als Opfer fühlen?

Gegen diese Bewegung zurück steht die Aussage des alten Esels in einer prekären Situation im Märchen der Bremer Stadtmusikanten:»Etwas Besseres als den Tod findest du allemal.« Man könnte auch aufbrechen, nicht in blindem Vertrauen, aber zuversichtlich. Die Gegenbewegung zu diesem Zurück wäre das beharrliche Anpeilen und Gestalten von Möglichkeitsräumen, von pragmatischer Hoffnung getragen, manchmal auch lustvoll – trotz allem.

Utopie oder Retrotopie

Utopien – große Idealvorstellungen – von der Zukunft, das haben wir schon lange nicht mehr. Viele kleinere Utopien tun es aller-

9

dings auch: gleiche Rechte für alle – das ist vielleicht gar keine so kleine Utopie, selber machen statt kaufen, Spaß am Minimalismus: Wie viel Zeug brauche ich wirklich? Und es gibt noch viele andere kleinere und größere Utopien.

Aber: Utopische Visionen für die Einen, auch kleine, sind dystopische Visionen für die Anderen. Emanzipation etwa als gleichberechtigte Partizipation in allen Bereichen des gesellschaftlichen Lebens ist für viele eine erstrebenswerte Utopie, für Andere, Konservative, eine Dystopie, nämlich die Auflösung der Geschlechterordnung, die sie erhalten wissen wollen.

Statt Utopie: Retropie oder Retrotopia ...

Das Wort »Retrotopia« stammt von Zygmunt Bauman, einem Soziologen, der 2017 gestorben ist, und dessen letztes, posthum herausgegebenes Werk eben diesen Titel trägt: Retrotopia. Und dessen Hauptthese ist: Der Glaube an eine bessere Zukunft werde heute ersetzt durch die Hinwendung zur Vergangenheit. Die Visionen »speisen sich nicht mehr aus einer noch ausstehenden und deshalb inexistenten Zukunft, sondern aus der verlorenen, geraubten, verwaisten, jedenfalls untoten Vergangenheit« (Bauman 2017, S. 10). Offenbar fühlen wir uns alle als Opfer, alle als beraubt – und der Schritt zurück soll dieses Opfersein aufheben. Opfer deshalb, weil irgendwo die Weltgeschichte eine falsche Abzweigung genommen hat und wir nun mit den üblen Folgen davon konfrontiert sind. Es wird in dieser Denke offenbar davon ausgegangen, dass die Weltgeschichte einmal einem »richtigen, gottgewollten« (?) Plan folgte, dass der Strom der Geschichte der Menschheit irgendwie festgelegt war, dass man in Harmonie in einer natürlichen Ordnung leben konnte, bis es einigen Intellektuellen, Politikern usw. eingefallen ist, diese Ordnung zu stören. Es gibt aber keinen vorhersehbaren Strom der Geschichte; weltgeschichtliche Entwicklung ist die Folge unzähliger Einflussfaktoren, die nur teilweise zu beeinflussen sind, die ineinander wirken und unerwartete Emergenzen und Entwicklungen auslösen. Und manchmal sind diese Entwicklungen sehr schnell. Modernes Leben fühlt sich heute an wie eine permanente

Revolution (Lilla 2018, S. 19) – und das löst Angst aus. Und mit dieser Angst muss umgegangen werden. Aber muss das in der Bewegung »zurück« sein?

Zurück

Bauman (2017) sieht eine vierfache Rückwärtsbewegung: »Zurück zu Hobbes« (ebd., S. 19), »Zurück zum Stammesfeuer« (ebd., S. 51), »Zurück zur sozialen Ungleichheit« (ebd., S. 84), »Zurück in den Mutterleib« (ebd., S. 112).

Zurück zu Hobbes: »Der Mensch ist dem Menschen ein Wolf.« Und die daraus folgenden brutalen Auseinandersetzungen werden zu »globalen, markerschütternden Schockereignissen« (ebd., S. 31) in den Medien, was wiederum Angst und Wut auslöst und Nachahmer anstachelt. Durch die sozialen Medien können sich diese Meldungen blitzschnell verbreiten. Wenn sich der Stärkere durchsetzt, steht die soziale Gleichheit auf dem Prüfstand oder ist in Gefahr, und damit auch die Demokratie.

Zurück zum Stammesfeuer: die Fantasie einer ehemals homogenen Gemeinschaft (das Volk?), die sich durch Verschwörungstheorien und Bedrohungsszenarien stabilisiert und dadurch eine gemeinsame Identität herstellt, auch als Grundlage für Nationalismus. Damit ist aber auch Ungleichheit programmiert: »Wir gegen die Anderen« – nicht: »Wir und die Anderen«. Verloren gehen kann dabei auch der gegenseitige Respekt, der davon ausgeht, dass der Andere auch so ist wie ich, also auch Respekt verdient. Wechselseitiger Respekt, ein universales Verständnis der Würde, ist die Voraussetzung für demokratisches – und das heißt auch freiheitliches – Denken und Handeln, auch die Voraussetzung für Solidarität.

Zurück zum Mutterleib: für Psychologen und Psychologinnen ein besonders interessanter Aspekt. Bauman spricht in diesem Zusammenhang von Narzissmus, von der Abwendung von der Außenwelt hin zum eigenen Ich, aber auch vom Sich-Spiegeln im Spiegelsaal von Facebook und anderen Medien, von der Begegnung mit dem, was einem ähnlich ist. Keine Ungleichheit und damit Auseinandersetzung, sondern eine vermeintliche Identität (Bauman 2017, S. 142).

Zurück zum Mutterleib heißt auch, die Welt Welt sein zu lassen – und sich eine gute Nische zu sichern, in der man sich wohlfühlen kann in dieser unvorhersagbaren, bedrohlichen Welt. Es ist eine nostalgische Sehnsucht nach dem Paradies, ein Schrei nach Ruhe (ebd., S. 136). Man lässt es sich gut gehen und wartet darauf, dass andere Lösungen finden; man beklagt, dass man benachteiligt ist, dass Annehmlichkeiten, die man noch hat, vielleicht in Zukunft nicht mehr möglich sein werden. Man möchte alles behalten, und dabei ist eine große Kränkbarkeit auszumachen. Irgendwie besteht der Anspruch auf ein betreutes Leben. Was fehlt, ist Distanz zu der eigenen Befindlichkeit, die man auch mit Humor wahrnehmen könnte. Bei einem nüchterneren, weniger selbstbezogenen Blick auf die Probleme, die natürlich vorhanden sind, gäbe es vielleicht neue Ziele.

Die kollektive Nostalgiefantasie

Über das Phänomen der Nostalgie schrieb Mario Jacoby bereits 1980: »Die Nostalgiewelle, von der wir seit längerer Zeit überflutet werden, breitet sich immer mehr aus. So folgt beispielsweise eine Antiquitätenmesse der anderen […]« (Jacoby 1980, S. 11). Die Nostalgie ist nach Swetlana Boym ein Gefühl des Verlusts und der Entwurzelung, zugleich aber auch »eine Romanze mit der eigenen Phantasie« (Boym 2001, S. XIII).

Die Nostalgie, als eine historische Emotion, ist die Sehnsucht nach einem Platz der Erfahrung, die nicht mehr mit dem neuen Horizont der modernen Erwartungen übereinstimmt. Die Nostalgie und der Fortschritt gehören zusammen, Fortschritt weckt die Nostalgie. Nostalgie ist nichts Neues: Schon im späten 19. Jahrhundert eroberte sie den öffentlichen Raum: Archive, Volksliedersammlungen, Sammlungen etc. wurden modern, das kulturelle Gedächtnis geschätzt. All dies verdanken wir der Romantik. Jetzt aber – so denken wir – haben wir weit über die Bewahrung von vergangenen kulturellen Erzeugnissen hinaus aktivierte kollektive Nostalgiefantasien, die politisch natürlich sehr gut bewirtschaftet werden können und auch bewirtschaftet werden. Als Psychologinnen und Psychologen wollen wir diese Fantasie verstehen. Natürlich kann man diese Fantasie zunächst unter dem Aspekt der Regression ansehen, des Schritts zurück, des Rückschritts. Wir wissen: Die Vergangenheit, deren Glanz heraufbeschworen wird, war so glänzend nicht. Aber das, was man verloren hat, zeigt sich in der Fantasie als Verlust einer sehr guten Welt mit klaren Grenzen und Werten. (An die Kriege denkt man offenbar nicht!) Die übersichtlichen Verhältnisse sind allenfalls im Rückblick übersichtlich: Menschen hatten es schon immer mit einer unvorhersehbaren Zukunft, mit den damit verbundenen Ängsten und Herausforderungen zu tun. Aber Realitätssinn ist in diesem Zusammenhang nicht gefragt – die Nostalgiefantasie ist eine Fantasie, die Geborgenheit in der Erinnerung verspricht. So viel wie möglich von dieser vergangenen Welt wieder ins Leben rufen oder zurückverlangen – so kann man scheinbar überleben, eingerüstet mit Gleich-Denkenden, und man hält sich dabei für geborgen.

Das ist so falsch ja nicht: Wir alle suchen bei Verunsicherungen immer wieder die Vergewisserung im Vertrauten, die uns mit unserer Herkunft verbindet, wir alle suchen Menschen, mit denen wir eine gewisse Übereinstimmung haben, mit denen wir uns wohl und geborgen fühlen, und das gibt uns ein gutes Gefühl von Zugehörigkeit, Identität, Selbstgewissheit. Diese Vergewisserung zeigt sich in einer Erinnerungskultur, zeigt sich in Ritualen, die die Rituale der entsprechenden Gruppe sind. Manchmal sind diese Rituale mit »alten Zeiten« verbunden – sie geben der eigenen Geschichte Wurzeln. Auch das ist etwas, was die meisten Menschen – auch kollektiv – immer einmal zelebrieren: Gedenktage mit den damit verbundenen Kleidern, Fahnen, sportlichen Ereignissen. Rituale verbinden die Menschen, beruhigen einerseits, regen aber auch andererseits an: Rituale können durchaus ein Hochgefühl befördern, ein Hochgefühl, das aus der Verbundenheit, wohl aber eher aus der Gefühlsansteckung kommt. Die Verbundenheit mit Menschen, mit denen man einen Teil der Geschichte teilt, beruhigt, gibt ein selbstverständliches Gefühl des Dazugehörens, einer Zugehörigkeit zu einer Gruppe, einer Gruppenidentität – und das entängstigt.

Aber: Ist es eine Vergewisserung, die uns auch wieder Neues anpacken lässt, oder wollen wir in diese Welt fliehen? Schotten wir uns ab, oder gibt sie uns die Möglichkeit, uns wieder offen neugierig auf Neues, auf Fremdes, auf das Fremde in uns einzulassen? Auf Veränderung? Wird die Vergangenheit als Vergangenheit gesehen, die unsere Wurzeln ausmacht, oder macht man die Vergangenheit zur Gegenwart? Versucht man, das Tote, das Vergangene wieder zur lebendigen Gegenwart zu machen und damit alle Veränderung zu leugnen?

Restaurative Nostalgie – reflektive Nostalgie

Svetlana Boym (2001), die sich intensiv mit Nostalgie auseinandergesetzt hat unterscheidet zwischen restaurativer und reflektiver Nostalgie. Diese Unterscheidung scheint mir hilfreich zu sein für das Verständnis der Nostalgie.

Eine »restaurative« Nostalgie strebt eine über die Geschichte hinweggehende Rekonstruktion der verloren geglaubten Heimat an. Sie denkt sich selber nicht als Nostalgie, sondern eher als Hüterin von Tradition und Wahrheit. Die »reflektive« Nostalgie spürt die Sehnsucht zurück, wehmütig, verzweifelt – verzögert aber das Heimkommen. Sie spielt zwischen der Sehnsucht zurück, der Sehnsucht, dazuzugehören, und verschließt sich aber nicht vor den Anforderungen des modernen Lebens, das gestaltet werden will. Restaurative Nostalgie schützt eine absolute Wahrheit, reflektive Nostalgie stellt diese infrage. Die reflektive Nostalgie ist eine produktive Nostalgie: Sie erkennt sich selber als Nostalgiefantasie, sie trägt uns zurück in unsere Vergangenheit, aber in einer solchen Weise, dass wir nicht der Gegenwart und der Zukunft entfliehen können. In der reflektiven nostalgischen Erfahrung erleben wir so etwas wie die Kontinuität und die Diskontinuität unseres Lebens zugleich, die Unsicherheit, ob wir je zu Hause sind, überhaupt ein Zuhause haben. Die reflektive Fantasie entspringt der Sehnsucht nach dem Zuhause und der Erfahrung, nie so ganz zu Hause zu sein.

In der »restaurativen« Nostalgie erfolgt der Rückzug aus Angst oder aus Ressentiment – und wenn der Rückzug zu einem Dauerzustand wird, führt er zu einer unrealistischen Aufwertung der eigenen Gruppe und zur Abwertung derer, die nicht dazugehören. Der Respekt wird den anderen Menschen versagt; Vertrauen zu Anderen wird weniger, Beziehungen werden vor allem in der eigenen Gruppe eingegangen.

In der restaurativen Nostalgiefantasie kann man sich natürlich ausmalen und diese Fantasie auch mit Anderen teilen, dass man abgeschottet, alles Fremde und Verstörende abwehrend, einmal wieder ein Leben führen kann, das »in Ordnung« ist, das alte, gute Leben mit den Versprechungen von einer guten Zukunft – und dafür kämpft man ja auch. Aber das wird so nicht sein. Leben war ja nie einfach »in Ordnung«, ruhig, überschaubar, ohne Probleme. Und vieles ist einfach vorbei – tot. In der restaurativen Nostalgie will man zurückhaben, was vergangen ist, und es zu einer andauernden Gegenwart machen. Das geht so nicht, man kann die Zeit nicht außer Kraft setzen; etwas, was verloren ist, müsste vielmehr betrauert werden. Aber gerade das versucht man zu negieren. Wenn wir stattdessen um unwiederbringlich Vergangenes trauern, lassen wir es los, behalten wir es in der Erinnerung und wenden uns der Zukunft zu, wollen Leben neu gestalten.

Bleiben wir bei der restaurativen Fantasie und fragen uns, was geschieht, wenn die Fantasie nicht hergibt, was sie versprochen hat? Dann sind wir enttäuscht, werden ärgerlich – und jemand muss schuld sein. Der Teufelskreis verstärkt sich: Natürlich ist man nicht selber schuld, Schuldige müssen her, selber sieht man alles richtig. »Die Anderen« sind schuld – die Anderen sind destruktiv. Man wird zunehmend etwas paranoid, fühlt sich verfolgt, die Verschwörungstheorien werden mehr. Man ist noch mehr Opfer, hat Selbstmitleid, und jetzt hat man auch den Beweis, dass man ein Opfer ist. »Wir gegen die feindlichen Anderen«, die Abschottung wird mehr, der Kampf gegen die Anderen auch. Eine moderne Art der Verständigung untereinander gibt es nicht, kein Aushandeln, kein Dialog ist möglich, es wird Dreingeschlagen – so wie man es immer schon getan hat, um die eigene Macht durchzusetzen.

Besonders problematisch wird es, wenn diese Nostalgiefantasien verbunden werden mit Abschottungen im Sinne der Nationalstaaten, die alle möglicherweise eine führende Rolle beanspruchen (»America first«) oder die gerettet werden sollen, obwohl sie gar nicht in Gefahr sind (»Wir holen uns Deutschland zurück«, »Die Schweiz den Schweizern«…). Dazu noch einmal Zygmunt Bauman: »Entweder wir reichen einander die Hände – oder wir schaufeln einander Gräber.« (Bauman 2017, S. 156)

Diese Nostalgiefantasien müssen nicht nur regressiv verstanden werden. Wenn wir sie als vorübergehende Oasen verstehen würden, als eine Möglichkeit zum Verschnaufen, könnten sie viel Sicherheit geben, viele Möglichkeiten, mit der Angst umzugehen, so dass man sich wieder neu auf die Welt zubewegen könnte. Aber die Frage bleibt: abgeschottet – oder offen, offen zu Anderen, zu Anderem, zu Fremdem, offen zur Zukunft?

Von der Versuchung, uns als Opfer zu verstehen

Grundsätzlich gilt: Menschen können sich leicht in die Dynamik von Opfer und Angreifer eingebunden fühlen. Die Einen haben Macht, die Anderen sind ohnmächtig, die Einen befehlen, die Anderen gehorchen. Das Leben wird hier unter dem Aspekt von Dominanz und Unterwerfung verstanden, nicht aber unter dem Aspekt, dass Leben gestaltet werden kann und muss. Diese Sicht von Opfer und Angreifer stammt zum Einen aus der Kinderwelt, ist zum Anderen aber auch eine soziale Erfahrung, wenn Menschen nicht gleichberechtigt behandelt werden. Als Opfer erlebt man oft Angst und Scham. Der Ärger, der einen zum Handeln anstacheln würde, wird nicht produktiv zugelassen – so werden die Mitmenschen als die gesehen, die aggressiv sind, angreifen, die aber auch bestimmen können. Man selber ist gelähmt, benachteiligt und nährt einen heimlichen oder auch unheimlichen Groll.

Damit verbaut man sich die Zukunft, man lebt im Vergangenen: Es ist alles immer dasselbe, und schon immer war ich das Opfer und werde es auch immer sein. Elemente des Gefühls, schon immer zu kurz gekommen zu sein und immer wieder zu kurz zu kommen, verbunden mit Gefühlen der Kränkung und der abgewehrten Beschämung, werden generalisierend verbunden mit einem existenziellen Gefühl, dass »man« als Mensch in dieser Welt – aber projiziert auf die Gesellschaft oder »auf die da oben« – eh zu kurz kommt, ungerecht behandelt, gekränkt wird. Man schaut dann nicht mehr genau hin, worum es eigentlich präzise geht, welche Bedrohung im Raum steht, was wir zu verlieren drohen oder – noch eingeengter – was ich zu verlieren drohe, und man prüft nicht mehr, ob es wirklich so ist oder ob man nicht vielleicht auch etwas gewinnt. Es ist so – und damit ist die Zukunft nicht mehr offen, sondern geprägt durch das Ressentiment, dadurch aber auch bestimmt, nicht mehr so komplex, nicht mehr so herausfordernd, nur ätzend. Es war immer so, es wird immer so sein.

Das Ressentiment

Ressentiment heißt *re-sentir*, erneut immer wieder fühlen, es geht um ein wiederholtes Durch- und Nacherleben von bestimmten Beziehungserfahrungen. Immer wieder fällt einem ein, wie man ungerecht behandelt worden ist, wie man keine Möglichkeit hatte, sich erfolgreich dagegen zu wehren. Diese emotional quälenden Situationen fallen einem aber nicht nur ein, man sucht sie geradezu auf. Immer dasselbe Muster brennt sich ein: Scheler (1923/1972), der eine größere Abhandlung zum Ressentiment verfasst hat, sprach von der »Einsenkung in die Persönlichkeit«, das heißt, das Wiedererleben wird zunehmend mehr automatisiert und entleert von differenzierten Emotionen. Scheler spricht vom Ressentiment in Anlehnung an Nietzsches Begriff der seelischen Selbstvergiftung (ebd., S. 38). In dieser Opferrolle fühlen sich diese Menschen ausgeliefert, gefangen, wehrlos. Das heißt, diese Menschen haben eine Einbuße an Selbstwirksamkeit, einem wichtigen Aspekt des Selbstwertgefühls, und diese Einbuße korrespondiert mit einer Komplexepisode, einer emotional geladenen bedeutsamen dysfunktionalen Beziehungsepisode, die verinnerlicht worden ist, deren Thema eine Demütigung und damit eine Selbstwertverletzung ist. Weil die Selbstwirksamkeit nicht möglich erscheint, entwickelt sich so leicht ein Ressentiment. Man sieht sich als Opfer dieser Welt, ist aber vor allem noch ein Opfer von alten, dominierenden, nicht bearbeiteten Komplexepisoden, und da Andere ähnliche Probleme haben, hält man es nur für ein gesellschaftliches Problem. Andere, gute Lebenserfahrungen, die nicht das Ressentiment bedienen, können meist die Mauer des Hasses, des Fatalismus und der Ablehnung nicht durchdringen.

Die restaurative Nostalgie weist hier den Weg zurück, vor allem auch in der Verbindung mit anderen Menschen, die offenbar genau dasselbe erleben oder erlebt haben. Gemeinsam ist man stark, als Opfer der Umstände hat man das Recht, Andere anzugreifen, zu zerstören. Es ist gefährlich, sich als Opfer zu erleben. Und das ist auch eine der Versuchungen des Opferseins: Als Opfer ist man zu kurz gekommen, man hat das Recht, etwas einzufordern. Nicht man selber ist verantwortlich für die Situation, in der man steckt, die Anderen sind es. Dass man das eigene Leben nicht gestaltet hat, wird nicht wahrgenommen. Die Anderen sind schuld, die Umstände. Betreutes Leben. Andere sollen neue Ziele finden. In diesem Zusammenhang habe ich immer Mitgefühl mit den Menschen, die wirklich Opfer geworden sind, Opfer von Gewalt, von Kriegen, von wirklich schwierigen Lebensumständen – die hätten ein Recht, etwas von den Anderen einzufordern.

Von der Versuchung, ein Opfer zu sein: Was sagen neuere Forschungen?

Es hat noch nie so wenig Gewalt gegeben in der Welt wie heute, es wird weniger gehungert, die Kindersterblichkeit ist zurückgegangen, es gibt weniger Analphabeten, die größte Armut ist weniger geworden ... Hans Rosling (2018), ein schwedischer Wissenschaftler, macht darauf aufmerksam, wie viel besser geworden ist in unserer Welt. Und unsere gängige Reaktion: Entweder trauen wir den Fakten nicht, wollen es nicht glauben, oder wir weisen sofort darauf hin, dass das noch lange nicht genug sei. Ist jetzt etwas besser geworden in unserer Welt, oder doch nicht? Dass so viel besser geworden ist, deckt sich nicht mit unserer Befindlichkeit: Wir sind eher davon überzeugt, dass alles immer schlechter wird. Warum ist das so? Auch wenn ein Problem gelöst ist, so scheint es, bleibt das Problem zu einem Teil bestehen. Auch wenn sich die Situation verbessert, wenn ein Problem weniger häufig auftritt – das Problem wird von uns in gleicher Intensität wahrgenommen. (Niemand glaubt, dass die Gewaltdelikte zurückgegangen sind, das sind sie aber. Es kommt uns aber nicht so vor, im Gegenteil!)

Warum machen wir das? – Wir Menschen seien einfach so gebaut, das sei eine Eigenheit der menschlichen Wahrnehmung, sagen uns David Levari und Daniel Gilbert von der Harvard Universität, und sie beweisen das durch Studien (Levari/Gilbert 2018). TeilnehmerInnen an dieser Studie wurden auf einem Bildschirm wütende und neutrale Gesichter gezeigt. Die ProbandInnen sollten jeweils bei einem wütenden Gesicht einen Knopf drücken. Nach und nach wurden immer weniger wütende Gesichter auf dem Bildschirm gezeigt. Die Anzahl der Klicks für wütende Gesichter hätte also zurückgehen müssen. Das tat sie aber nicht: Jetzt identifizierten die VersuchsteilnehmerInnen auch neutrale Gesichter als »wütend«. Das heißt, als sie keine objektiv wütend aussehenden Gesichter mehr finden konnten, identifizierten sie Gesichter, die sie zuvor als harmlos eingestuft hatten, als wütend. In einer weiteren Versuchsanordnung wurden Studierenden Experimente vorgelegt mit der Aufgabe, diese als »ethisch vertretbar« oder als »unethisch« einzustufen. Als die Versuchsleiter immer weniger unethische Studien zeigten, bezeichneten die Versuchspersonen immer mehr Studien, die sie zuvor als ethisch unbedenklich eingestuft hatten, als

»unethisch« (ebd.) – ein Beweis dafür, dass ein vorherrschendes Konzept das menschliche Urteilsvermögen verändert. Sind wir einmal auf wütende Gesichter eingeschworen, sehen wir überall wütende Gesichter.

Dieses Phänomen beschrieb Odo Marquard in den 80er Jahren als das »Gesetz der zunehmenden Penetranz der Reste« (Marquard 2000, S. 37f.). Marquard geht von einer Kompensationstheorie aus, die auf Leibniz zurückgeht. Leibniz konnte die Idee, dass Menschen in der besten aller Welten lebten, dadurch retten, dass er vertrat, dass jedes Übel in dieser Welt durch Annehmlichkeiten kompensiert würde. »Kompensationen sind der Ausgleich von Mangellagen durch ersetzende oder wiederersetzende Leistungen« (ebd., S. 34), so Marquard. Dabei geht es Marquard nicht um einzelne Kompensationen, sondern um ganze »Kompensationssyndrome« (ebd.), die zu »relativ wandlungsresistenten Ausgleichslagen« führen – und dieses Denken führt ihn zu bestimmten Erhaltungssätzen:

• zum Satz der Erhaltung der Konfusion,
• zum Satz der Erhaltung des moralischen Empörungsaufwandes,
• zum Satz der Erhaltung der Naivität,
• zum Satz der Erhaltung der Negativität.

Was immer auch geschieht, die Menge an Konfusion, an moralischem Empörungsaufwand, an Naivität und an Negativität verändert sich gemäß diesem Kompensationsdenken nicht.

Der Satz der Erhaltung der Negativität steht im Zusammenhang mit der Positivitätsverdrängung: »Wo Kulturfortschritte wirklich erfolgreich sind und Übel wirklich ausschalten, wecken sie selten Begeisterung; sie werden vielmehr selbstverständlich, und die Aufmerksamkeit konzentriert sich dann auf jene Übel, die übrigbleiben« (ebd., S. 37). Noch deutlicher: »Dabei wirkt das Gesetz der zunehmenden Penetranz der Reste: Je mehr Negatives aus der Wirklichkeit verschwindet, desto ärgerlicher wird – gerade weil es sich vermindert – das Negative, das übrigbleibt« (ebd.). Das kennen wir zum Beispiel aus der Therapie: Viele Probleme sind gelöst worden, die, die aber noch zurückbleiben, sind umso ärgerlicher. Und auch aus der Organisation: Wer beispielsweise einen Kongress organisiert, versucht, immer mehr Probleme zu eliminieren, mit der Folge, dass man nicht etwa dafür gelobt wird, sondern dass die kleineren Probleme, die auftauchen, aggressiv angemahnt werden. Dasselbe könnte man wohl auch für die Politik sagen. Der Negativitätsbedarf steigt dadurch, dass Negatives aus der Wirklichkeit verschwindet, und das führt zur Positivitätsverdrängung. Positivität ist für Marquard das Nein zum Nein; positive Kompensationen werden aber in der Regel geleugnet oder als reaktionär beschrieben.»Aber es gibt die positiven Kompensationen und sie lindern das Schreckliche in der Welt« (ebd., S. 39). So sieht Marquard etwa die Kompensation der Wegwerfgesellschaft in der »Erinnerungs- und Bewahrungskultur« (ebd., S. 40), und Individualität wird kompensiert durch die Durchsetzung der Menschenrechte, so dass alle auch angstfrei anders sein dürfen (ebd., S. 40).

Es gibt viele Gründe, warum wir in der Versuchung sind, Opfer zu bleiben – oder anders: Es braucht ziemlich viel Anstrengung, Abschied von der Opferrolle zu nehmen.

Positivitätsverdrängung und Explorationslust

Was ist die Konsequenz aus den Forschungen von Levari und Anderen? Wenn wir die Negativität auch durch Lösungen, durch Verbesserungen nicht wirklich bewältigen, wenn auch die gelösten Probleme uns weiter als Probleme anhaften, weil wir sie so gut zu sehen gelernt haben, dann stellt sich die Frage: Sollten wir uns weniger auf die Probleme fokussieren und mehr auf das, was gelingt? Auf das Positive, auf die Explorationslust? Der Explorationslust nachgehen, der Lust, etwas Neues anzugehen, etwas auszuprobieren, der Neugier zu folgen, zu denken, was man noch nicht gedacht hat?

Ein scheinbarer Umweg:

Der amerikanische affektive Neurowissenschaftler Jaak Panksepp hat bei Tieren Grundemotionssysteme nachgewiesen, von denen er denkt, dass auch wir Menschen sie haben – als Grundlage unseres Lebendigseins, unseres Miteinanderseins und unserer Entwicklung (Panksepp/Biven 2012). Panksepp beschreibt bei Säugetieren sieben grundlegende emotionale Systeme, die er in Großbuchstaben schreibt, um klarzumachen, dass sie sich auf neuronale Netzwerke beziehen und nicht als Emotionen im alltäglichen Sinne verstanden werden sollen. Es geht um die Systeme SEEKING (Suchen, Belohnung, Enthusiasmus), sexuelle LUST (Lust), RAGE (Ärger, Wut), FEAR (Angst, Furcht), CARE (Fürsorge, mütterliche Fürsorge), PANIC/GRIEF (Panik und Trauer, Verlusterfahrung) und PLAY (soziales Spiel). Er nennt diese Systeme »primary process psychological experiences (they are among the ›givens‹ of the BrainMind)« (ebd., S. 457).

Diese Grundemotionssysteme teilen Menschen mit den Tieren. Es geht dabei um Angst, Ärger/Wut, Trauer, Freude, Interesse, Fürsorge, Spiel. Unsere Emotionen und Gefühle sind vielfältig miteinander verwoben, ergeben das jeweils aktuelle Konzert unserer Seele. Emotionen erleben wir körperlich, und in der Auseinandersetzung mit der Welt, mit anderen Menschen, können wir sie benennen, sie werden Gefühle: Emotionen werden dann verbunden mit Vorstellungen und Bildern, Geschichten und Verhalten – etwa von Angreifern, von Schutz, von Flucht, von kreativen Lösungen etc. Es ist dann also nicht mehr »Bauchweh«, wenn man Angst hat, sondern irgendwann gibt es dann deutlich wahrnehmbare Befürchtungen, Angst, und daraus entwickelt sich auch die Abschätzung, wie realistisch es ist, dass das Befürchtete eintritt.

Panksepp ist der Ansicht, dass alle diese Emotionssysteme immer wieder einmal aktiviert werden sollten: Er vertritt ein Ideal der Balance der verschiedenen Emotionen. Deshalb meint er, dass es kontraproduktiv sei, immer wieder unsere Opfer-Geschichten mit den damit verbundenen Affekten zu wiederholen, da diese dadurch nur verstärkt werden und in der Folge davon das Affektsystem aus dem Gleichgewicht gerät. Deshalb, so meint er, wäre es hilfreich, Menschen, die aus dem Gleichgewicht geraten sind, in einen davon unterschiedenen emotionalen Zustand zu bringen, speziell dadurch, dass man das SEEKING-System und das PLAY-System aktiviert, das auch die Basis für die sogenannten positiven Emotionen ist, wie Neugier, Interesse, Freude, Inspiration.

Indem man sich nach Panksepp auf das SEEKING-System und auf das PLAY-System bezieht, begibt man sich von den die Konflikte bestimmenden Emotionen weg hin zu den entgegengesetzten, sogenannten positiven Emotionen. Das SEEKING-System hat dabei eine besondere Rolle: Es ist an aller emotionaler Erregung beteiligt, und es leitet die Suche nach Ressourcen ein, um zu überleben, aber auch die Suche nach Belohnung. Dem SEEKING-System entsprechen in unserem alltäglichen Erleben die Emotionen Neugier, Interesse, Vorfreude und Freude. Die primäre Prozessebene können wir nicht direkt aktivieren (Träume können es möglicherweise). Was wir aber können, ist, alltägliche Emotionen und Gefühle zu aktivieren, auch über Körperbewegungen, und das könnte dann wieder auf die primäre emotionale Prozessebene zurückwirken (ebd., S. 434), das heißt, wir wären weniger einseitig, wir hätten Zugang zu positiven Emotionen und damit zu bedeutenden Ressourcen. Auch hier wirkt der Kompensationsgedanke.

Lust am Gestalten – nicht nur am Bewahren

Gehen wir davon aus, dass wir wirklich mehr diese Basissysteme für Explorationslust, für Vorfreude, Freude, für spielerisches Miteinander, aber auch das sorgfältige Bewahren und Beschützen, bewusst wertschätzen und aktivieren würden. Das SEEKING-System treibt uns an, lässt uns die Welt erkunden, macht uns neugierig und unternehmungslustig – Neugier auf das, was möglich ist, auch das, was vielleicht ängstigt. Das CARE-System (Nestbau, physiologisch nahe beim SEEKING-System), das die Mütterlichkeit, die nährende Liebe, das mütterliche Behüten möglich macht (die Basis davon ist), springt nicht nur beim Aufziehen der Nachkommen an. Sind Menschen in Panik und Trauer, sind sie gestresst durch einen Verlust, dann triggert das CARE-System an. Wir wissen auch, dass dann, wenn wir uns von unterstützenden Anderen umgeben wissen, wir uns weniger ängstigen, aber auch unsere Gefühle der Trauer erträglicher werden. Das CARE-System kann man als fürsorglich, unterstützend, mütterlich, zärtlich, zukunftsgewandt beschreiben, dem Hegen und Pflegen verpflichtet, es ist Grundlage auch der Hilfsbereitschaft.

Das SEEKING-System, das CARE-System und das PLAY-System wirken zusammen und unterfüttern eine kreative Haltung der Zukunft gegenüber. Das heißt: Explorationslust, Fürsorglichkeit, ein spielerisches Miteinander könnten die Lust auf das Gestalten fördern und Vorfreude auslösen; Imaginationen des Gelingens und des Gestaltens statt ängstliches Zurückweichen und Sich-Abschotten folgen daraus.

Vorfreude

Imagination und Freude verbinden sich in der Vorfreude. Die Vorfreude ist eine ganz besondere Freude: Sie stammt aus einer Imagination, wird genährt aus Sehnsüchten, Wünschen, Erwartungen, Interessen, etwas gedämpft durch die Erinnerung an schlechte Erfahrungen. Die Vorfreude tritt dann ein, wenn wir fast sicher sind, dass sich unser Wunsch, unsere Sehnsucht, unsere Erwartung erfüllen wird. In der Vorwegnahme von einem Ereignis, von dem wir uns große Freude versprechen, haben wir viele Freiheitsgrade, ein großer Möglichkeitsraum eröffnet sich. Wir können uns ein künftiges Ereignis gerade so ausmalen, dass es uns große Freude machen wird. Damit kann die Vorfreude allerdings auch zu einer Quelle großer Enttäuschung werden. Tritt das Erwartete nämlich nicht ein oder anders, als man es sich vorgestellt hat – und das ist meistens so –, dann sind wir enttäuscht, wir empfinden Scham- oder Schuldgefühle, auch Gefühle der Trauer, denn wir haben etwas verloren, was unserem Leben eine Richtung und einen Inhalt gegeben hat, auch wenn es noch nicht realisiert worden ist. Die Vorfreude ist für Menschen sehr wichtig: In ihr kommt eine Sehnsucht zum Tragen, die uns aus dem Alltag heraushebt, beschwingt, befeuert, ermutigt. Gelegentlich wird es als weise bezeichnet, die Vorfreude zu kontrollieren, sie nicht zu groß werden zu lassen. Damit will man einer möglichen Enttäuschung zuvorkommen. Die Enttäuschung wäre dann allerdings nicht so groß, wenn uns klar wäre, dass die Vorfreude für sich allein gesehen werden muss, ungeachtet dessen, ob eintrifft, was man sich ausgemalt hat oder nicht. Die Vorfreude jedenfalls kann uns niemand nehmen – sie kann aber auch, falls etwas wirklich besser als erwartet ausgeht, nicht nachgeholt werden.

Die Vorfreude ist eine mutige Freude, sie ist getragen von der Hoffnung in ein Schicksal, das gut genug ist, oder zumindest vom Vertrauen in die eigene Fähigkeit, auch mit Enttäuschungen kompetent umzugehen. Sie beschwingt ungemein.

Positivitätssuche: Hoffnung als Grundemotion

Wir Menschen sind grundsätzlich zukunftsbezogen, können immer auch hoffen, auf das Bessere hoffen. (Wir können sogar die Vergangenheit wieder in die Zukunft hieven ...)

Wie kommen wir nun aber zur Hoffnung, wie öffnen wir das Leben wieder auf die Zukunft hin? Es gibt nicht nur die Angst vor der Zukunft, sondern auch die Vorfreude und die Freude auf die Zukunft, auf Veränderung, auf Gestalten, auf das Lösen von Problemen, und diese Emotionen basieren auf der Hoffnung.

Hoffnung wurde und wird verstanden als die Emotion, die bewirkt, dass wir uns einem Licht zuwenden, das noch nicht sichtbar ist (Marcel 1992). Hoffnung als positiver Erwartungsaffekt, aus dem Vertrauen auf eine Wendung in der Zukunft, die uns noch nicht sichtbar ist, die uns aber als glückhaft erscheint (Bollnow 1955/1979, S. 24f.), Hoffnung, die uns erlaubt, das Un-Mögliche zu denken und zu erwarten anstelle des Gewohnten, die uns dazu bringt, entschieden Nein zu sagen zu einem aktuellen Zustand, weil wir einen besseren Zustand fantasieren können (Bloch 1959, S. 1ff.).

Die Hoffnung gehört damit zu den sogenannten »gehobenen« Gefühlen: Es geht um das emotionale Feld von Freude, Vorfreude, Interesse, Hoffnung (Kast 1991, S. 157ff.). Und die Freude kann man als die kleine Schwester der Hoffnung sehen.

Wenn wir uns auf die Zukunft beziehen, gibt es also nicht nur die Angst, sondern auch die Hoffnung. Unser Leben ist von der Hoffnung sozusagen unterlegt. Es ist sehr schwierig zu sagen, was Hoffnung wirklich ist. Erst wenn sie uns so ganz und gar abhandenzukommen droht, dann spüren wir, dass doch immer noch etwas trägt, wir immer noch eine vorstellungslose Hoffnung auf eine Verbesserung haben, ein Vertrauen, dass sich etwas verändern wird zum Besseren hin, wider besseres Wissen. Dabei ist es bei vielen Menschen nicht mehr wie früher die Jenseitshoffnung, die trägt, sondern eine fast unmerkliche existenzielle Grundgestimmtheit: sich dennoch vertrauensvoll dem zu überlassen, was die Zukunft bringen mag. Hier wird ein tragendes Vertrauen ins Leben deutlich: Irgendwie wird es eine Lösung geben. Hoffnung wird deshalb auch als Begleitemotion des Lebenstriebes gesehen, des Bedürfnisses, sich das Leben zu erhalten und sich immer zu entwickeln – bis man stirbt. Hoffnung als eine Grundemotion, eine Hintergrundsemotion des Lebendigen. So lange wir leben, sind wir auch von Hoffnung getragen. »Dum Spiro, spero« (»Um zu leben, hoffe ich«, Cicero nachempfunden). Dabei scheint sich die Angst immer wieder über die Hoffnung zu legen, ohne dass sie die Hoffnung wirklich ersticken könnte. Die »Hoffnung ersäuft die Angst« (Bloch 1959, S. 126), sagt Ernst Bloch, und meint damit, dass die Hoffnung im Menschen ursprünglicher ist als die Angst und dass sich Menschen deshalb auch aktiv zur Hoffnung entschließen können.

Hoffnung und Erwartung sind zu unterscheiden

Die Erwartung kann sehr deutlich umrissen, eindimensional genau definiert sein: Wir rechnen dann mit etwas und denken vielleicht sogar, wir hätten einen Anspruch darauf. Wir sind konzentriert auf nur etwas. Gerade die Offenheit, die die Hoffnung charakterisiert – das Leben, Unerwartetes, Unvorhersehbares, kann auf uns zukommen –, ist bei der Erwartung zu einer Einengung geworden. Wir können uns dann nicht staunend auf Unverhofftes einlassen, sondern wir sind enttäuscht, vielleicht sogar verbittert, dass das Erwartete nicht eingetreten ist. Unsere Vorstellungen sind dann zu bestimmt, zu eingeengt – zu unbeweglich.»So habe ich es mir nicht vorgestellt«, sagen wir enttäuscht. Vielleicht haben wir bei unseren Vorstellungen zu wenig die Realität der mitbeteiligten Menschen, aber auch der mitbeteiligten Institutionen berücksichtigt, vielleicht auch einfach vergessen, dass der Andere oder die Andere auch recht haben könnte. Für lustvolles Gestalten miteinander braucht es Vertrauen: Vertrauen – durch Andere, in Andere, mit Anderen.

Menschen sind auf andere Menschen angewiesen – immer. Am freudigen, freundlichen, liebevollen Blick der Beziehungspersonen »lernt« das Kind, dass es ein erfreulicher Anblick ist, ein hinreichend erfreulicher Mensch in einer hinreichend erfreulichen Welt, in der das Kind zunächst vertrauen muss, und wenn der freundliche Blick der Eltern vorherrscht, in der es auch vertrauen kann. Natürlich ist dieses Gefühl noch praereflexiv, also ein verkörpertes Gefühl.

In der frühen Kindheit beruhigen uns die Beziehungspersonen, trösten uns, zeigen, wie man mit der Angst umgeht. Und auch im späteren Leben haben wir Bindungspersonen, die uns beruhigen, Menschen, mit denen wir uns austauschen können, wenn das Leben sehr schwierig wird.

Hoffnungen und Erwartungen stehen in einem inneren Zusammenhang mit dem Vertrauen, das uns in der Angst abhandenkommt und das uns im Ressentiment fehlt: Vertrauen im weiten

Sinn als Vertrauen zu sich selbst, zu anderen Menschen, aber auch zum Fortbestehen eines lebbaren Lebens. Leben ist gut genug. Vertrauen reduziert im Alltag Komplexität, Komplexität, die uns ängstigt. Wir vertrauen etwa dem Lokführer, ohne groß darüber nachzudenken, ob er auch des Vertrauens würdig ist. Wir hoffen dann allerdings, dass der, dem wir vertrauen, auch unser Vertrauen verdient. Man bezieht sich auf erwartetes Verhalten und auf vergangene gute Erfahrungen: Es könnte wieder so sein. Das ist das implizite Vertrauen, ein gefühltes Vertrauen, das Zuversicht, Zuverlässigkeit und ein Gefühl von Sicherheit bewirkt, das den Praktiken und den Routinen des Alltags unterlegt ist und dadurch die Existenzängste (vorbewusste existenzielle Ängste) minimiert. Wenn solche Fragen des Alltagsvertrauens infrage gestellt werden, zum Beispiel dadurch, dass es immer deutlicher wird, wie klimaschädlich unsere Entwicklung und unser Wohlstand sind, dann werden Ängste belebt – und man kann diese Ängste abwehren, indem man etwa der Klimaforschung vorwirft, sie minimiere absichtlich durch Übertreibungen das implizite Vertrauen in die existierenden Systeme (Lucas/Leith/Davison 2014).

Wird implizites Vertrauen infrage gestellt, müssen wir uns explizit für Vertrauen oder für Misstrauen entscheiden. Dann studieren wir Fakten, evaluieren, versuchen, informiert zu sein, d. h. erbringen eine kognitive Anstrengung. Vertrauen bezieht sich aber nicht auf eine voraussagbare Erfahrung, Vertrauen ist mit Risiko verbunden – Risiko ist vital für das Vertrauen. Wollen wir dieses Risiko auf uns nehmen? Vertrauen findet oft im Kontext sozialer Praxis statt. Wir lassen uns in einer Gruppe auch vom Vertrauen in etwas oder in jemanden anstecken, allerdings auch vom Misstrauen. Sind wir misstrauisch, erwarten wir, dass die Anderen auch misstrauisch sind, wir projizieren unser Misstrauen. Vertrauen dagegen ist sozialer Kitt. Luhmann (2000) hielt Vertrauen in die Systeme, in denen wir leben – also implizites Vertrauen – für eine Vorbedingung dafür, dass wir Risiken auf uns nehmen, innovativ sind, Veränderungen anstreben. Wenn Vertrauen ins System zu bröckeln beginnt, setzt eine Spirale von Misstrauen ein, und das fragmentiert die Gesellschaft. Francis Fukuyama (2001), ein Politikwissenschaftler, sieht Vertrauen als soziales Kapital, das notwendig ist, um jeweils wieder eine neue Ordnung herzustellen. Er vertritt die These, dass durch den Wunsch nach immer mehr persönlicher Autonomie das interpersonelle Vertrauen geschwunden sei.

In einer Zeit, in der vieles immer unübersichtlicher wird, aber auch mit der Wahrheit sehr unbedenklich umgegangen wird, »Fake News« als Politikum eingesetzt wird, steht Vertrauen auf dem Prüfstand. Wir müssten versuchen, mehr Vertrauen zu schaffen, vertrauensvoller und vertrauenswürdiger zu sein, uns zum Vertrauen entschließen, Vertrauen schaffen, Vertrauen riskieren und uns dafür entscheiden, dass wir in einer Welt leben wollen, in der man einander vertrauen kann. Vertrauen beruht auf der Hoffnung und wächst aus den verlässlichen Bindungen; Vertrauen wird mehr, wenn wir uns für verlässliche Bindungen zur Verfügung stellen. Und dennoch werden wir auch Vertrauen enttäuschen – die Enttäuschung gehört dazu, als ein Aspekt der menschlichen Schattenseite.

Angesichts all dieser Schwierigkeiten: Lust am Gestalten – Hoffnung pragmatisch

Zu hoffen ist kein flacher Optimismus, kein reines Wunschdenken. Zu hoffen ermöglicht eine intelligente, imaginative Aktion auf ein bestimmtes Ziel hin, das noch nicht erreicht ist, das schwer zu erreichen ist, das zu erreichen einem dennoch als hoch wahrscheinlich erscheint Hoffnung bezieht sich auf einen zentralen Impuls von uns Menschen, das Leben miteinander zu bewältigen, uns Herausforderungen zu stellen, miteinander zu wachsen. »Eine andere Welt ist möglich« (Martin Luther King, Franz Alt). Das könnte man lustvoller formulieren: Es gibt die Lust, eine andere Welt zu gestalten, wenn denn schon so viel im Umbruch ist. Wird pragmatisches Hoffen (Birmingham 2009) zu einem Charakterzug, strebt man beharrlich miteinander Möglichkeitsräume an, wird daraus Zuversicht als Haltung: Zuversichtlich steht man im Leben. Das Leben ist trotz allem gut genug und hat genug Ressourcen, taugt durchaus als Basis für Verbesserungen. Das jeweils Beste (nicht das Ideale) wird angesichts einer schwierigen, unübersichtlichen Situation immer wieder angepeilt – miteinander.

Der nüchterne Blick aus guter Faktenkenntnis, zusammen mit eher inneren Variablen wie Imagination, Intelligenz, Intuition, Kreativität, Kooperation, dem Wunsch zu wachsen, Freude zu erleben, können zu diesem Ziel führen. Pragmatische Hoffnung verlangt Klarheit und Fantasie, Mut und Risikobereitschaft, Tatkraft – und Menschen, die einander immer wieder ermutigen, Möglichkeitsräume, auch für das menschliche Miteinander, anzupeilen und sich daran zu erfreuen.

Literatur

Bauman, Z. (2017): Retrotopia. Suhrkamp, Berlin.

Birmingham, C. (2009): The disposition of hope in teaching. In: Teacher Education Quarterly, Fall, S. 27–39.

Bloch, E. (1959): Das Prinzip Hoffnung. Band I. Suhrkamp, Frankfurt am Main.

Bollnow, O. F. (1955/1979): Neue Geborgenheit. Das Problem einer Überwindung des Existentialismus. Kohlhammer, Stuttgart.

Boym, S. (2001): The Future of Nostalgia. Basic Books, New York.

Fukuyama F. (2001): Social capital, civil society and development. In: Third World Quarterly 22, 2001, S. 7–20. doi: 10.1080/01436590020022547.

Jacoby, M. (1980): Sehnsucht nach dem Paradies. Tiefenpsychologische Umkreisung eines Urbildes. Bonz, Fellbach.

Kast, V. (1991): Freude, Inspiration, Hoffnung. Walter, Olten.

Levari, D. / Gilbert, D., et al. (2018): Prevalence-induced concept change in human judgement. In: Science 360, 2018, S. 1465–1467.

Lilla, M. (2018): Der Glanz der Vergangenheit. Über den Geist der Reaktion. Mit einem Vorwort von R. Scheu. NZZ Libro, Zürich.

Lucas, C. / Leith, P. / Davison, A. (2014): How climate change research undermines trust in everyday life: a review. Onelinelibrary.wiley.com/doi/10.1002/wcc320/abstract [Zugriff: 23.6.2019].

Luhmann, N. (2000): Familiarity, confidence, trust: problems and alternatives.

In: Gambetta, D. (Hg.): Trust: Making and Breaking Cooperative Relations. Basil Blackwell, Oxford/Cambridge, S. 94–107.

Marcel, G. (1992): Hoffnung in einer zerbrochenen Welt. Schöningh, Paderborn.

Marquard, O. (2000): Philosophie des Stattdessen. Einige Aspekte der Kompensationstheorie. In: ders.: Philosophie des Stattdessen. Studien. Reclam, Stuttgart, S. 30–49.

Panksepp, J. / Biven, L. (2012): The Archaeology of Mind. Neuroevolutionary Origins of Human Emotions. W. W. Norton, New York.

Rosling, H. (2018): Die Welt wird immer besser: 32 gute Nachrichten. In: FAZ, 9.4.2018. https://www.faz.net/aktuell/wirtschaft/die-welt-wird-immer-besser-32-gute-nachrichten-15524076.html [Zugriff: 23.6.2019].

Scheler, M. (1923/1972): Das Ressentiment im Aufbau des Moralen. In: ders.: Vom Umsturz der Werte. Francke, Bern, S. 35–147.

WOLFGANG KESSLER

Zukunft statt Zocken

Gelebte Modelle eines humanen Wirtschaftens

Die Verantwortlichen der Berliner Politik machen es sich oft einfach – und reden die Lage gerne schön: Niemand bestreitet zwar, dass Tausende Flüchtlinge im Mittelmeer ertrinken oder dass Probleme mit dem rechtsextremen Rand der Gesellschaft oder mit dem unberechenbaren US-Präsidenten Donald Trump entstanden sind. Dennoch vermitteln viele Politiker der Großen Koalition den Eindruck: Alles nicht so schlimm. Schließlich verzeichnen die Banken wieder Gewinne, die Konsumenten kaufen, die Wirtschaft wächst, die Arbeitslosigkeit ist zurückgegangen, die Steuereinnahmen sprudeln.

Auch global herrscht eitel Sonnenschein: Auf Pressekonferenzen verkündet die Weltbank in Washington, dass der Lebensstandard von 500 Millionen Menschen in den Schwellenländern im letzten Jahrzehnt stark gestiegen sei. Und noch nie in den vergangenen Jahrzehnten sei der Anteil der Hungernden an der Weltbevölkerung so niedrig gewesen wie derzeit.

Diese Meldungen sind nicht falsch. Aber sie erzählen bestenfalls die halbe Wahrheit. Und sie unterstellen, dass in Deutschland, ja weltweit alles in Ordnung ist, weil die Zahlen stimmen. Sie unterstellen, dass sich die großen Herausforderungen der (Welt-)Wirtschaft, der Technik, der Umwelt, der Gerechtigkeit durch ein »Weiter so« der konventionellen Wirtschaftsstrategie lösen ließen, die da lautet:»Mehr produzieren, mehr arbeiten, mehr kaufen – und alles wird gut.«

Zukunftsangst ist begründet

Doch die Menschen spüren, dass dies nicht stimmt. Trotz oberflächlich guter wirtschaftlicher Lage gibt es im reichen Deutschland große Zukunftsängste und erhebliche Verwirrungen und Verwerfungen. Manche Angst mag irrational erscheinen, manche Verwirrung Ausdruck unbefriedigter persönlicher Interessen oder einfach persönliche Frustration sein. Doch hinter vielen Ängsten steckt mehr: Immer mehr Menschen spüren, dass es zur Bewältigung der großen Zukunftsprobleme wie Klimakrise, Weltgerechtigkeit, Migration oder Digitalisierung grundlegende Veränderungen braucht.

Diese Gefühle trügen nicht. Schon heute verbergen sich hinter den oberflächlichen Erfolgsmeldungen tiefe Probleme in Deutschland und weltweit. Unter dem Strand liegt das Pflaster: Auch in Deutschland: Trotz guter Wirtschaftsdaten ist ein Viertel der Deutschen vom Wohlstand abgehängt, darunter 2,6 Millionen Kinder – der jüngste Bericht des Paritätischen Wohlfahrtsverbandes von 2018 spricht sogar von 3,6 Millionen. Die zehn Prozent reichsten Menschen besitzen dagegen Jahr für Jahr mehr vom privaten Gesamtvermögen: Inzwischen sind es rund 65 Prozent. Gleichzeitig wächst die Altersarmut, vor allem unter Frauen.

Das gleiche widersprüchliche Bild zeigt der Arbeitsmarkt: Auf den ersten Blick hat er sich erholt. Noch nie gab es so viele sozialversicherungsrechtlich abgesicherte Jobs wie Ende 2018. Aber der Arbeitsmarkt ist gespalten. Zu einem Drittel zerfällt er in Minijobs, Midijobs, Honorarverträge, Leiharbeiter, neue Selbstständigkeit, befristete Projektarbeit. Fast jeder zweite Arbeitnehmer bzw. jede zweite Arbeitnehmerin unter 30 Jahren hat einen befristeten Arbeitsvertrag. Nach Schätzungen des Deutschen Gewerkschaftsbundes DGB gibt es inzwischen mehr als 500 000 sogenannte Crowdworker, die zu Hause für Internet-Plattformen arbeiten, für wenige Cent, selbstständig, ohne soziale Sicherung.

Die digitale Revolution der Arbeit wird diese Spaltung verstärken. Wenn in wenigen Sekunden riesige Datenmengen zur Verfügung stehen, kann alles vermessen, errechnet, kontrolliert und vernetzt werden – auch ohne Menschen, aber über die Köpfe von Menschen hinweg. Wenn Roboter miteinander kommunizieren und sich selbst steuern können, braucht man weniger Menschen. Wenn ein Computerprogramm wie Ross der Firma IBM eine Milliarde Gesetzestexte kennt und in Minutenschnelle Beurteilungen in 30 Sprachen ausspuckt oder wenn Computer Beratungsgespräche führen – dann hat dies Folgen für die Beschäftigten: Es werden weniger Menschen regulär abgesichert arbeiten, aber viel mehr prekär, selbstständig zu Hause, auf Bedarf.

Durch die technische Entwicklung dürfte sich das Eigenleben der Wirtschaft weiter verselbstständigen. Wie dies heute für das Finanzsystem gilt. Es dient längst nicht mehr in erster Linie dazu, Unternehmen oder Privatleuten für Unternehmungen Geld gegen Zinsen zu leihen. Es geht darum, durch Verkauf und Spekulation von und mit Geld möglichst schnell mehr Geld zu machen – ohne dass Häuser, Firmen und andere Werte entstehen. Und dieses spekulative Karussell dreht sich immer schneller, inzwischen werden an den Börsen rund 80 000 Wertpapiere pro Millisekunde verkauft, ohne menschlichen Zugriff – alles über Computer. Hochfrequenzhandel lautet das Schlagwort.

Gerade im Finanzbereich haben sich die globalen Machtverhältnissen grundlegend verändert, auch gegenüber der Finanzkrise: Die globale Herrschaft übernehmen immer mehr die Finanzkonzerne, allen voran der größte unter ihnen: BlackRock. Er und die neun anderen großen Finanzkonzerne sind an praktisch allen Weltkonzernen beteiligt, auch an allen Dax-Konzernen.

Wer jedoch glaubt, die ganz normalen Menschen hätten mit all dem nichts zu tun, täuscht sich. Während jeden Tag 4000 Milliarden durch das Finanzsystem geistern – immer auf der Suche nach höchstmöglichen Renditen –, fehlt das Geld in Kindergärten, Schulen, Pflegeheimen, Jugendzentren ebenso wie für Strategien zur Bekämpfung der Armut oder für den Klimaschutz.

Während Deutschland über den Pflegenotstand diskutiert, kaufen Finanzinvestoren immer mehr Pflegeheime und Krankenhäuser und trimmen sie auf Rendite. Finanzinvestoren wie BlackRock sorgen dafür, dass das kapitalistische Effizienzdenken in alle Poren der Gesellschaft eindringt. Und diese dann verändert.

Die Bedrohung der Zivilisation

Die Daten der Weltbank sind unbestreitbar: Weltweit haben mehr als 800 Millionen Menschen von der Globalisierung profitiert. Doch gleichzeitig besitzen die acht reichsten Menschen der Welt so viel wie die ärmere Hälfte der Menschheit, rechnet die Entwicklungsorganisation Oxfam vor. Noch immer produzieren Hunderttausende Textilarbeiterinnen zu Hungerlöhnen T-Shirts. Für die reiche Konsumenten gerade mal drei Euro bezahlen. Und wie früher liefern die Armen den Rohstoff für den Wohlstand der Reichen: 30 Prozent der Nahrungsmittel sind Futtermittel für Tiere. Die Deutschen, die Amerikaner, ja 2,5 Millionen Menschen der Welt sind online. Damit genießen sie jede Menge Elektronik, doch die Ausbeutung der Rohstoffe kostet Menschenleben. »Diese Wirtschaft tötet«, schreibt Papst Franziskus deshalb in seinem Rundschreiben »Evangelii Gaudium«.

Gleichzeitig entwickelt sich die ganze Welt nach der Losung: »Wie im Westen, so auf Erden.« Automobilität, Kohlekraft, Atomkraft, Wirtschaftswachstum – so lauten die Ziele überall auf der Welt. Natürlich hat der Süden das Recht dazu, die Wirtschafts- und Lebensweise des reichen Nordens nachzuahmen. Doch klar ist: Die Welt wird ausgebeutet und zerstört, wenn alle Menschen so viele Rohstoffe, so viele Ressourcen, so viel konsumieren wie Amerikaner und Deutsche.

Doch genau dies versuchen sie, mithilfe der reichen Industrieländer. Daraus entwickeln sich Grundprobleme, die sich derzeit zuspitzen: Immer mehr Menschen kämpfen um Lebenschancen in der Weltwirtschaft, während die Ressourcen von der Natur begrenzt werden. Deshalb werden die Rohstoffe knapper, ihre Ausbeutung teurer; das Klima wird erhitzt, es gibt Kriege um Rohstoffe, mehr und mehr Gewalt. In vielen Staaten Afrikas, im Nahen Osten, auch in Asien fliehen Millionen Menschen vor Massenarmut, Gewalt, Krieg und den Folgen der Erderhitzung. Darauf wiederum reagieren die Menschen im Norden. Viele stellen fest, dass das Leben enger wird, schneller, hektischer. Denn der globale Kapitalismus erfindet die Welt jeden Tag neu, entfacht immer wieder den Konkurrenzkampf aller gegen alle. Betriebe schließen hier und eröffnen dort neu. Sie werden von jenem Eigentümer an den anderen Eigentümer verkauft. Diese Unübersichtlichkeit schürt Ängste, etwas zu verlieren, Ängste vor einer ungewissen Zukunft. Viele Menschen sind überfordert, gehetzt, suchen eine Heimat, wie sie sie von früher zu kennen glauben. Die Neigung zu Abschottung nimmt zu, zur ausschließlichen Kommunikation in eigenen Blasen. Und damit auch die Neigung zu Intoleranz, zu fundamentalistischem Denken und auch zu Gewalt und Aggressivität. Es ist diese Entwicklung, die die Menschen verzweifeln lässt.

Modelle eines humanen und nachhaltigen Wirtschaftens

Und doch gibt es mehr als Verzweiflung. Immer wieder brechen Menschen, oft in Notsituationen, zu neuen Ufern auf. Sie entwickeln Konzepte für ein anderes Wirtschaften und leben sie. Fünf Beispiele seien exemplarisch vorgestellt:

1. Die Arbeitnehmer der Flachglas Wernberg GmbH
Im Jahre 1999 gab es in dem Spezialbetrieb für Glasprodukte in der Oberpfalz eine fast revolutionäre Entwicklung. Ein Jahr zuvor war den Beschäftigten mitgeteilt worden, dass ihr Mutterkonzern, Pilkington aus England, die deutsche Filiale verkaufen wolle. Die rund 700 Beschäftigten fürchteten um ihre Arbeitsplätze. Dagegen leisteten sie Widerstand. Dann handelten sie nach der Logik: Wenn uns unsere Mutter schon verkaufen will, warum kaufen wir uns nicht selbst? Nach vielen Querelen mit potenziellen Kreditgebern

erwarben die Beschäftigten schließlich unter Einsatz von Lohnanteilen und Weihnachtsgeld als zusätzliche Sicherheit 51 Prozent des Unternehmens. Aus diesem sogenannten Mitarbeiter-Buy-Out entwickelte sich die Flachglas Wernberg Beteiligungs GmbH, die bis heute besteht. Dieser Schritt hat sich ausgezahlt. Die Beschäftigten konnten ihre Arbeitsplätze retten. Trotz harter Konkurrenz ist das Unternehmen noch immer in der Hand der Mitarbeiter-Gesellschaft und nicht in der Hand von Finanzinvestoren, wie viele andere Unternehmen in Deutschland. Und die Satzung der Mitarbeitergesellschaft sagt klar, was sich bisher nur Päpste offen zu proklamieren trauten: Arbeit hat Vorrang vor dem Kapital. Dieses Unternehmen wird auch die Herausforderungen der Digitalisierung humaner bewältigen als andere Betriebe, weil die Arbeitnehmerinnen und Arbeitnehmer Miteigentümer sind.

2. Die GLS-Bank

Die GLS-Bank wurde 1974 durch die Anthroposophen Gisela Reuther, Wilhelm Ernst Barkhoff, Albert Fink und Rolf Kerler gegründet und war die erste Bank, die nach sozial-ökologischen Grundsätzen arbeitet. Ungeachtet ihrer anthroposophischen Wurzeln reicht ihr Spektrum heute weit über dieses Milieu hinaus. Die Bank finanziert mehr als 11 000 Unternehmen und Projekte pro Jahr, die in Bereichen wie Freie Schulen und Kindergärten, regenerative Energien, Behinderteneinrichtungen, Wohnen, nachhaltiges Bauen und Leben im Alter tätig sind. Sie unterscheidet sich von den meisten anderen Banken aber auch darin, dass sie klar sagt, was sie nicht finanziert: Geschäfte mit Alkohol, Atomenergie, Embryonenforschung, grüne Gentechnik, Rüstung, Tabak, Kinderarbeit und Tierversuche. Als Teil der Unternehmensphilosophie sieht die Bank die Transparenz in ihrer Kreditvergabe. So werden alle an Unternehmen vergebenen Kredite in der Kundenzeitschrift veröffentlicht. Zur Transparenz und Mitbestimmung zählt, dass die Kunden bei der Kontoeröffnung bestimmen können, wo ihr Geld angelegt werden soll. Folgende Branchen stehen zur Wahl: Ökologische Landwirtschaft, Nachhaltiges Bauen, Wohnprojekte, Regenerative Energien, Biobranche und andere Unternehmen, Freie Schulen und Kindergärten, Gesundheit, Behinderteneinrichtungen, Leben im Alter. Der Erfolg dieser Bank zeigt: Man kann mit Geld anders umgehen als das üblich ist. Und dieser Umgang ist erfolgreich. Vor fünf Jahren hatte die Bank etwa 80 000 Kunden – Ende 2018 hat sie fast 220 000. Und dazu kommen rund 50 000 Genossenschaftsmitglieder.

3. Ökoabgaben in Basel und British Columbia

In Basel führt die Kantonsregierung seit 14 Jahren vor, wie Ressourcen verteuert und deshalb gespart werden – ohne dass die sozial Schwächeren besonders bluten müssen. Die Kantonsregierung erhebt eine Abgabe von 25 Prozent auf den Strompreis. Sie sackt das Geld jedoch nicht ein, sondern zahlt es an Bürger und Unternehmen zurück. Und zwar gerecht: Mitte des folgenden Jahres erhält jeder Bürger, jede Bürgerin, vom Baby bis zum alten Menschen, und jedes Unternehmen für jeden Arbeitsplatz denselben Betrag zurückbezahlt. Da alle den gleichen Betrag erhalten, versuchen sie, möglichst wenig Strom zu verbrauchen, um möglichst stark von der Rückzahlung zu profitieren. Das Ergebnis: Seit Jahren geht der Stromverbrauch der Hochindustriestadt jährlich zurück – und der Ökobonus sorgt dafür, dass die Einsparung sozial gerecht geschieht.

Eine ähnliche Form von Ökoabgabe hat die kanadische Provinz British Columbia eingeführt, nämlich eine CO_2-Abgabe. Damit die Abgabe nicht die sozial schwächsten Haushalte trifft, hat die Regierung des Bundesstaates die Steuern vor allem für Geringverdiener gesenkt – und die Sozialleistungen erhöht. Das Ergebnis ist beeindruckend: In drei Jahren sank der CO_2-Verbrauch um 16 Prozent, bei den vergangenen Wahlen Ende 2017 siegten jene Parteien, die die CO_2-Abgabe erhöhen wollen.

4. Faire Elektronik

Bas van Abel ist Niederländer und Industriedesigner. Aber kein gewöhnlicher. Er arbeitet für die gemeinnützige Waag-Stiftung, die sich für einen ökofairen Welthandel engagiert. Van Abel hat das

38

erste faire Smartphone entworfen. Die Stiftung bewies damit großen Mut: Sie drang bei chinesischen Zulieferern auf existenzsichernde Löhne – und kontrolliert sie. Und sie kauft Rohstoffe aus zertifizierten Minen, die die Zerstörung der Minen in Grenzen halten und den Arbeitern einen Mindestlohn bezahlen. Dabei machen es sich die Initiatoren des Fair-Handys nicht einfach. Sie versuchen, die herrschenden Lieferketten zu humanisieren – und dies ist ihnen teilweise gelungen. Doch genau dies macht die Initiative so spannend. Sie versucht nichts weniger als einen ökofairen Welthandel. Die ersten Fairphones wurden ausgeliefert. Und die Nachfolger, sogenannte Shiftphones, sind auf dem Weg. Außerdem stellt die Firma Nager IT fair und ökologisch produzierte IT-Technik her, nach den Erfahrungen des Fairphones.

5. Grundeinkommen in Afrika

Dann reisen wir noch in einen anderen Teil der Erde, nach Namibia, konkret in das Dorf Otjivero. Dort veranstaltete die Evangelische Kirche eine einmalige Aktion. Rund drei Jahre lang erhielten alle 1200 Bewohnerinnen und Bewohner unter 60 Jahren des Dorfes Otjivero im Osten von Namibia umgerechnet zehn Euro pro Monat. Das Ergebnis dieses Experiments ist überraschend. Die zehn Euro haben die Dorfbewohner richtig aufgeweckt. Die geschäftlichen Aktivitäten nahmen rasant zu – vom Brotbacken über einen Kaufladen bis hin zu Reparaturarbeiten aller Art. Inzwischen besucht jedes Kind eine Schule, zuvor war es weniger als die Hälfte – die Eltern hatten einfach nicht das Schulgeld. Gleichzeitig wuchs unter den Bewohnern das Selbstbewusstsein jener, die bisher wenig zu sagen hatten: der Frauen. Manche – vor allem jüngere – Männer verkrafteten das Grundeinkommen anfangs nicht. Sie haben es gleich nach Erhalt versoffen. Die Verantwortlichen mussten einschreiten: Sie haben das Grundeinkommen nur noch wöchentlich ausgezahlt – zudem sind es nun die Mütter, die das Geld erhalten für ihre Kinder. Danach hat sich die Lage beruhigt. Insgesamt konnte das Lebensniveau in dem Dorf deutlich verbessert werden – und der Zusammenhalt auch. Man stelle sich dies in einem afghanischen Dorf vor: Alle Kinder in der Schule, Frauen profitieren, die Wirtschaft wird belebt. Da würde mehr Demokratie und Gerechtigkeit entstehen, als es das Militär je schaffen kann. Oder man stelle sich vor, die geplanten 25 Milliarden Dollar für den Wiederaufbau von Mossul flössen nicht ausschließlich an ausländische Konzerne und irakische Bürokraten. Man nehme stattdessen drei Milliarden Dollar davon und zahle allen Menschen (Kinder eingeschlossen), die in Mossul geblieben sind oder die dorthin zurückkehren, zehn Jahre lang zehn Dollar im Monat als Grundeinkommen. Dann entstünde ein dynamischer Aufbruch von unten, ein lokaler Wirtschaftskreislauf wie in Namibia. Die Hilfe käme tatsächlich bei den Bewohnerinnen und Bewohnern der kriegszerstörten Stadt an – und würde nicht bei ausländischen Konzernen und korrupten Politikern landen.

Leider liegt die Initiative in Namibia darnieder, denn die namibische Regierung will das Geld für ein Grundeinkommen nicht über Steuern aufbringen. Aber es gibt Nachfolger: Kenia erprobt dieses Instrument in 300 Dörfern, mit ähnlichen Wirkungen.

Von den Inseln lernen

Es gibt sie also, jene Menschen, die sagen: ein anderes, ein faireres Wirtschaften ist möglich. Und die es dann auch leben. Viele werden sagen: Das sind alles nur Inseln im Meer des Gewinnmaximierungs-Kapitalismus. Das stimmt. Und das hat einen Vorteil und einen Nachteil. Der Vorteil: Diese Inseln zeigen im Kleinen, was im Großen möglich wäre. Das beliebte resignative Argument – »Das geht doch nicht!« – wird entkräftet. Der Nachteil: Es reicht nicht, wenn es eine gute Bank gibt, solange das Finanzsystem auf Rendite beruht. Es reicht nicht, wenn Grundeinkommen nur in einem kleinen Dorf in Afrika bezahlt wird. Deshalb braucht es zur Veränderung des Festlandes mehr als einige Inseln. Nämlich eine Politik, die eben jene sozialen und ökologischen Prinzipien fördert, die auf diesen Inseln herrschen. Und das ist möglich.

Stellen Sie sich vor, die Politik würde wirklich Veränderungen wollen, dann bieten sich sechs Schritte an, national und international:

1. Schritt: Eine gerechtere Verteilung des Reichtums

Es braucht den Mut der Regierenden zu einer Vermögensabgabe, zu einem höheren Spitzensteuersatz, zu höheren Steuern auf hohe Erbschaften und auf den Luxuskonsum. Dann kann der Staat mehr in die Zukunft investieren: in den Umwelt- und Klimaschutz, in eine umweltverträgliche Energiewende, in sozialverträgliche Wohnungen. Und nur mit höheren Einnahmen kann der Staat den Menschen jene soziale Sicherheit garantieren, die sie in unsicheren Zeiten mehr denn je brauchen. Denn Untersuchungen zeigen: Wer sich sozial sicher fühlt, ist bereit für Neues. Wer den Abstieg fürchtet, betrachtet alles durch die Brille seiner Angst.

Und sorgen wir dafür, dass diese Politik auch in der Europäischen Union durchgesetzt wird! Trocknen wir die Steueroasen aus, schaffen wir Mindeststeuern in allen Ländern und sorgen wir dafür, dass alle Finanzämter anderen Finanzämtern Auskünfte über Steuerflüchtlinge erteilen! Dann wird Europa gerechter.

2. Schritt: Eine Renaissance des Staates

Nach Jahrzehnten einer Politik, die auf den freien Markt setzt und möglichst viele gesellschaftlichen Bereiche dem Markt überlässt, stehen wir nun vor einem Scherbenhaufen: Vom Wasser, über Gesundheit bis hin zur Pflege – überall machen sich Finanzinvestoren breit. Das Internet ist fast ausschließlich von Privatkonzernen dominiert. Eine Wende erfordert den Mut zur Renaissance des Staates: Pflege und Gesundheit sind öffentliche Aufgaben – und müssen so organisiert werden, dass das Renditedenken keine Rolle spielt. Das gilt auch für Wasser, Strom und öffentlichen Verkehr. Und in der digitalen Welt muss man klar fragen: Brauchen wir nicht ein Facebook in der Hand der Bürgerinnen und Bürger wie Wikipedia; brauchen wir nicht öffentlich-rechtliche Suchmaschinen? Damit keine Missverständnisse aufkommen: Ich wünsche mir keine Staatswirtschaft. Aber die lebenswichtigen Bereiche für die Menschen müssen gesellschaftlich und nicht nach Rendite organisiert werden.

3. Schritt: Einstieg in ein ökologisches Wirtschaften, das dennoch gerecht ist

Stellen Sie sich Folgendes vor: Die Bundesregierung erhebt Abgaben auf Kohlendioxid und auf endliche Rohstoffe. Und nehmen wir weiter an: Die Regierung gibt die Einnahmen aus den Ökoabgaben an die Bürgerinnen und Bürger zurück – wie in Basel. Jede Bürgerin, jeder Bürger, jedes Unternehmen (für jeden Arbeitsplatz) erhält im kommenden Jahr einen Scheck mit dem gleichen Betrag aus den Einnahmen der Ökoabgaben. Dann werden Unternehmen und Privathaushalt erkennen, dass sie umso mehr von diesem System profitieren, je weniger endliche oder fossile Rohstoffe sie verbrauchen. Dann lohnt sich Umwelt- und Klimaschutz. Dann werden Unternehmen und Privathaushalte so klima- und umweltgerecht wirtschaften wie möglich. Dadurch entsteht eine Wirtschaft, die mit weniger Ressourcen auskommt und trotzdem gerecht wirtschaftet.

4. Schritt: Regeln für die Finanzmärkte

Es braucht den Mut der Politik, die Finanzmärkte in klare Regeln einzubinden, damit mehr Sicherheit garantiert wird – und es braucht Entschleunigung. Die Sicherheit fördern könnten viel höhere Eigenkapitalquoten vor allem für die risikoreichen Geschäfte der Großbanken. Die Schweiz verlangt inzwischen 19 Prozent. Je mehr eigenes Geld der Banken im Spiel ist, desto vorsichtiger werden sie agieren. Und es braucht den Mut, die Geldschöpfung der Banken zu begrenzen. Notwendig wäre deshalb eine höhere Mindestreserve für Banken, damit die Geldschöpfung begrenzt wird. Beide Maßnahmen würden die Eigenverantwortung von Banken stärken. Banken bräuchten dann nicht mehr vom Steuerzahler gerettet werden. Und besonders wichtig: Auch für Schattenbanken und Vermögenskonzerne wie BlackRock müssten künftig klare Regeln für eine Mindestliquidität gelten, damit sie besser gegen Risiken abgesichert sind – und sie sollten ihre Geschäfte endlich transparenter machen.

Nicht zuletzt brauchen wir eine Finanztransaktionssteuer, die alle Finanzgeschäfte mit mindestens 0,1 Prozent belastet, damit viele dieser Geschäfte entfallen und die anderen nachhaltiger werden. Schließlich wird auf den Handel mit Waren und Dienstleistungen Mehrwertsteuer erhoben. Warum bleiben Finanzgeschäfte ungeschoren?

5. Schritt: Fair Trade statt Freihandel

Politik, Wirtschaft und Wissenschaft orientieren sich an einem freien Welthandel. Die Vision klingt attraktiv: Mehr Konkurrenz, wenig Vorschriften sorgen überall für billigere Produkte. Alle können sich mehr leisten. Das Dumme ist nur, dass jetzt die Anbieter im Vorteil sind, die die schlechtesten Arbeitsbedingungen bieten, jene Länder, die geringe Umweltstandards haben oder gar keine, jene Unternehmen, die geringe Löhne zahlen. Fairer und ökologischer wird die Weltwirtschaft dadurch nicht. Das wird sie erst durch einen fairen Handel weltweit, wie dies die Eine-Welt-Bewegung bereits vorlebt. Sorgen wir also dafür, dass nur Länder am internationalen Handel teilnehmen dürfen, die soziale Mindestauflagen einhalten, so dass nicht mehr billige Grabsteine, billiger Kaffee oder billige T-Shirts oder andere Waren auf unsere Märkte kommen, die nur deshalb so billig sind, weil die Beschäftigten so wenig bekommen.

6. Schritt: Sozial-ökologische Marshallpläne

Wenn die globale Armut bekämpft und das Weltklima stabilisiert werden soll, damit zum Beispiel Menschen in ihrer Heimat bleiben können, dann braucht es globale Fonds oder Marshallpläne. Mit Steuergeldern der reichen Länder, mit Steuern auf Flugbenzin oder einer CO_2-Abgabe könnten internationale Organisationen gezielt die Nachhaltigkeit global fördern: durch regionale Wirtschaftsmodelle wie Mikrokredite oder ein Grundeinkommen, durch Investitionen in saubere Energien, durch den Schutz riesiger Naturschutzgebiete vor der Zerstörung. Das wäre ein Versuch, Armut zu bekämpfen, ohne die Welt aufzuheizen und zu zerstören.

Wie kommen wir dahin?

Erstens, indem wir selbst umdenken. Das ist schwierig. Aber möglich. Jedes Umdenken beginnt mit Fragen: Brauchen wir alles, was wir kaufen? Wann wird Selbstverwirklichung zu Egoismus? In welchem Verhältnis stehen Selbstverwirklichung und die Freude an Gemeinschaft und Freundschaft? Haben wir uns an eine Gratiskultur im Internet gewöhnt und merken nicht, dass wir dafür teuer bezahlen müssen? Wissen wir, dass die billige Banane irgendjemand auf der Welt teuer zu stehen kommt? Können wir anders leben, können wir uns engagieren und das Leben doch genießen – oder gerade deshalb? Solche Fragen sind unbequem. Aber nur wer sich solchen Fragen öffnet, kann sich verändern.

Zweitens, nach dem Umdenken geht es darum, uns selbst zu verändern, dort, wo wir leben: Ich gebe zu, auch das ist schwierig. Wir alle sind Gewohnheitstiere. Wenn wir uns aber dazu entschlossen haben, werden wir feststellen: Die Chancen, sich zu verändern, sind größer als je zuvor. Es gab noch nie so viele fair gehandelte Waren; es gab noch nie so viele ökologisch produzierte Waren auf den Märkten. Und es gab noch nie so viele Möglichkeiten, sein Geld ethisch oder nachhaltig anzulegen. Wir können entscheiden, woher wir den Strom beziehen; noch nie hatten Kirchengemeinden oder Städte so viel Macht, zu entscheiden, ob sie billig einkaufen oder ökofair. Noch nie haben so viele Leute so viel Neues ausprobiert wie zurzeit: Car Sharing, Repaircafés, Kleidertausch, Genossenschaften gründen, gemeinsam wohnen, anders essen, anders einkaufen, Flüchtlingen helfen. Fangen wir klein an und werden wir dabei größer.

Und drittens: Überwinden wir unseren Frust über die herrschende Politik. Denn die herrschende Politik ist auch ein Spiegelbild unserer Frustration. Engagieren wir uns dafür, dass die Politik endlich den Mut findet, der Umklammerung durch die Wirtschaftslobby ein eigenes Selbstbewusstsein entgegenzusetzen, die Macht der Finanzinvestoren zu brechen und die Macht der Menschen zu stärken. Mischen wir uns ein. Sorgen wir dafür, dass in der Politik über eine möglichst gerechte und umweltgerechte Zukunft geredet wird und nicht der Hass auf Andersdenkende die Oberhand gewinnt.

Und das Gute ist: Es geschieht. Speziell seit der Wahl von Trump sind viele, oft jüngere Leute in Parteien eingetreten. Die Wahlbeteiligung ist zuletzt gestiegen. Auch außerparlamentarisch läuft viel: Im sächsischen Ostritz hat ein breites Bündnis die Dominanz eines rechten Aufmarsches verhindert und lebt eine Alternative zur Braunkohle im Braunkohlerevier. In Leipzig haben Menschenketten erreicht, dass Pegida sich selbst aufgelöst hat. In Berlin, Hamburg, München und am Hambacher Forst demonstrieren Zehntausende für eine tolerante, soziale, umweltgerechte Gesellschaft und zeigen, dass sie eines haben: Lust auf eine Zukunft für alle Menschen.

Mischen wir uns so ein, wie es die Anti-Atom-Aktivistinnen und Aktivisten dreißig Jahre lang taten, fordern wir Alternativen, leben wir sie vor – dann wird irgendwann passieren, was auch in der Energiepolitik nach Fukushima passierte: Auch die konservative Politik kehrt um. Aber sorgen wir bitte dafür, dass nicht zu jeder grundlegenden Veränderung eine neue Katastrophe notwendig ist.

Thomas Fuchs

Zukunft und Zufall

Das Unbewusste als Künftiges

> *Es ist noch nicht erschienen,*
> *was wir sein werden.*
>
> *(1 Joh 3,2)*

Einleitung

Was Zukunft für den Menschen bedeuten kann, das wird in einer
fortschrittsgläubigen und beschleunigten Gesellschaft paradoxerweise immer weniger erfahrbar. Zwar ist von der Zukunft überall
die Rede; Trendforschung, Wachstumsprognosen, Risikoberech-
nungen und Machbarkeitsstudien geben ständig über sie Auskunft.
Doch damit erscheint das Künftige letztlich nur als eine Fortschreibung des schon Bekannten, als Vorausprojektion von Plänen und
Vorhaben. Eine ganz andere Dimension von Zukunft liegt hingegen in der Ankunft des wirklich Neuen – also dessen, was unsere
Erwartungen durchkreuzt, was sich nicht vorwegnehmen oder planen lässt. Dieser authentische Sinn von Zukunft könnte sich gerade
in der Besinnung auf unsere persönliche Entwicklung und Biografie wieder neu erschließen. Welche Rolle spielt die Zukunft in unserem Leben? In welchem Verhältnis steht sie zur Lebensgeschichte?
Und wie kommt es zum Einbruch des Neuen in den gewohnten
Gang des Lebens? Diesen Fragen gehen die folgenden Überlegungen nach.

Beginnen wir mit der Etymologie. Das Wort »Zukunft« bedeu-
tete bis zum 17. Jahrhundert ganz allgemein das »Ankommende«,
die »Ankunft«; die Bedeutung von »Futur« festigte sich erst ab dem

18. Jahrhundert (Trübners deutsches Wörterbuch 1957). Zukunft ist also eigentlich das, was »auf mich zukommt«, an mich herantritt. Gemeint ist nicht ein einfaches Vorangehen in der Zeit, in einen schon vorgegebenen Zeitraum, sondern es weckt eher die Vorstellung einer *Begegnung*. Einen verwandten Sinn finden wir auch im Französischen: *L'avenir*, vom lateinischen *advenire, adventus* stammend, bedeutet »das, was bei mir *ankommt*«, mich also gewissermaßen gesucht hat, zu mir unterwegs war. Der Begriff der Zukunft beinhaltet also eine Gegenbewegung zu unserer Lebensrichtung: Etwas kommt uns entgegen. Die Vorstellung erscheint sonderbar: Was sollte das sein, was da von vorne her, aus dem Noch-nicht-Existierenden auf uns zukommt und uns begegnet?

Das etymologische Pendant zur Zukunft ist die *Herkunft*. Herkunft ist der Ort, von dem aus ich aufgebrochen bin: die Heimat, die Abstammung, die Tradition. Es ist einerseits das Prägende, das mich ein Leben lang begleitet – keiner kann seiner Herkunft gänzlich entkommen. Andererseits lässt meine Herkunft mir die Möglichkeit, mich in die Zukunft voranschreitend weiterzuentwickeln. Die Herkunft bleibt dabei Teil meiner Identität, aber eben nur ein Teil, denn zu meiner Identität bin ich zugleich immer unterwegs; sie ist immer noch unabgeschlossen. Zukunft wäre dann das, was mir auf diesem Weg begegnet, aber auch die *Ankunft* dessen, was ich werden kann. Herkunft und Zukunft sind von entgegengesetzter Richtung her gleichermaßen konstitutiv für meine Identität.

Formen von Zukunft

Damit habe ich bereits vorausgegriffen auf einen persönlichen, entwicklungsbezogenen Begriff von Zukunft. Nun ist diese Zukunft freilich nicht das, was wir im alltäglichen Sprachgebrauch damit verbinden: etwa die kommende Woche, die nächsten Jahre, unsere Vorhaben, Pläne, Wünsche, Möglichkeiten. Betrachten wir daher zunächst die Formen, in denen sich uns Zukünftiges zeigt, um dann zu fragen, wie authentische, persönliche Zukunft zu denken ist.

I. Vitale Zukunft als Richtung der Lebensbewegung

Wenn wir uns als ein Charakteristikum der Zeit ihren einsinnigen Verlauf vergegenwärtigen, so wird deutlich, dass Zukunft im Sinne der Ausrichtung dieses Zeitpfeils die bevorzugte Dimension der Zeitlichkeit ist: Wir leben immer vorwärts.[1] Das hat mit einem Grundphänomen des Lebens zu tun, nämlich dass es »auf etwas aus ist« (Spaemann 1995). Zukunft tritt zuallererst an den Lebensprozessen in Erscheinung, insofern diese selbst zielgerichtet verlaufen: in Wachstum, Fortpflanzung, Streben nach Licht und Nahrung, Antrieb, Hunger, Durst etc. Zeit als unumkehrbare Bewegungsrichtung ist daher geknüpft an den Prozess des Lebens. Sie ist ursprünglich das »Woraufhin« des Lebendigen, während die physikalischen Prozesse grundsätzlich immer reversibel verlaufen und die Zeitdimension ihnen rein äußerlich bleibt.[2]

Höhere Tiere *erleben* diese Gerichtetheit des Lebens, nämlich in Form von Antrieb, Trieb und Streben. Sie erfahren damit auch die Diskrepanz zwischen dem gegenwärtigen Trieb und der noch ausstehenden Befriedigung: die »noch nicht« ergriffene Beute, die noch nicht verschlungene Nahrung, der noch nicht erreichte Geschlechtspartner. Im Erleben entsteht so ein »Noch-nicht«, ein Zeitdifferenzial, eine Zeitspanne. Das kennen wir als Menschen freilich ebenso. Zwischen unseren Wünschen und ihrer Erfüllung dehnt sich die Zeit, als Zeitspanne des Erwartens oder Erstrebens, die mit Gefühlen der Spannung, Ungeduld oder Hoffnung erlebt wird. Unser ursprüngliches Zeiterleben ist also wesentlich in unserem Antrieb, unseren Trieben und Wünschen begründet.

2. Finale Zukunft als Plan und Projekt

Nun ist die Gerichtetheit des Tieres auf die Zukunft weitgehend festgelegt; Beutesuche, Nestbau, Eiablage usw. werden instinkthaft vollzogen. Auch wenn Tiere das Erstrebte wohl auch in mehr oder minder vagen Suchbildern vorwegnehmen – kein Tier kann an »übermorgen« denken oder für »nächstes Jahr« planen. Erst für den Menschen öffnet sich die Zukunft als solche, nämlich durch seine Fähigkeit zur Imagination und damit auch zur Antizipation: Aus der primären, triebhaften Ausrichtung auf die Zukunft wird die vorgestellte Zukunft, die Vorausschau und Vorwegnahme. Damit eröffnet sich ein Spielraum von Möglichkeiten und Alternativen, der sich prinzipiell auf das ganze Leben erstrecken kann. Es entsteht die *final gerichtete* Zukunft, nämlich die Zukunft der Pläne und Projekte, der Zwecke, die wir verfolgen, der Ziele, die wir erreichen wollen. Es ist auch der Raum möglicher *Alternativen* des Handelns – und damit entsteht die Notwendigkeit der Wahl, der Entscheidung. Mit jeder Entscheidung aber wählen wir nicht nur, was wir tun oder lassen wollen, sondern in einem unterschiedlichen Maß immer auch, *wer wir sein wollen*. Erst in der Rückschau erkennen wir oft, dass wir mit unserem Handeln nicht nur eine besondere Auswahl unserer Erlebnisse und Erfahrungen getroffen, sondern damit auch uns selbst und unsere Entwicklung wesentlich bestimmt haben.

Zukunft als offene Möglichkeit bedeutet damit zugleich die Geschichtlichkeit unseres Lebens, die Entwicklung unserer Biografie. Der Mensch vermag sein Leben *zu führen*, sich selbst zu entwerfen, sich gewissermaßen zum eigenen Projekt zu machen. Sein Werden wird in zunehmendem Maße sein eigenes Tun. Und in einer Zeit, in der sich Lebensläufe zumeist nicht mehr in den vorgegebenen Bahnen der Tradition abspulen, in der häufiger als früher grundlegende Entscheidungen und Neuorientierungen anstehen, geht es immer mehr darum, das eigene Leben bewusst zu führen und die Zukunft aktiv zu gestalten.

3. Offene Zukunft

Bisher war von der primären Zukunft der vitalen Gerichtetheit und von der finalen Zukunft als Plan und Projekt die Rede. Nun fällt auf, dass die ursprüngliche Wortbedeutung von Zukunft der finalen Orientierung gerade entgegengesetzt ist. Wenn Zukunft im Sinne des Neuen das ist, was *auf mich zukommt*, unvorhergesehen bei mir ankommt, dann ist es gerade das Erstreben, Planen, Organisieren und Absichern, das die Erfahrung von Neuem eher verstellt. Die Offenheit der Zukunft und der persönlichen Entwicklung ist uns nur als Möglichkeit gegeben; es hängt von uns ab, ob wir uns für sie empfänglich zeigen oder nicht. Es gibt viele Möglichkeiten, der eigentlichen, offenen Zukunft auszuweichen. Das alltägliche Ich erkennt sich vor allem als Gewordenes, in Gewohnheiten und Festschreibungen: So bin ich, das kann ich, das mag ich ... Es tendiert zum Beharren, zur Fortsetzung des Gewohnten und Bewährten und scheut die Preisgabe des einmal Erreichten. Dies entspricht der uneigentlichen Zukunft der *Persona*, wie C. G. Jung es nannte, d. h. der Rollenidentität, die nur noch an dem orientiert ist, was man schon kann, erreicht hat und darstellt:

»Die Gefahr ist, daß man mit der Persona identisch wird. [...] Man lebt dann nämlich nur noch in seiner Biographie. [...] Man könnte mit einiger Übertreibung auch sagen, die Persona sei das, was einer eigentlich nicht ist, sondern was er und die anderen meinen, daß er sei« (Jung 1976, S. 137).

Authentische, offene Zukunft geht schließlich auch da verloren, wo die Zukunft ständig in den Blick genommen wird: im Streben nach Fortschritt, Selbstentfaltung, Selbststeigerung oder Machtausdehnung. Dann geht es darum, die Zukunft zu beherrschen und zu beschleunigen, schneller zu sein als der Andere, ihm zuvorzukommen. Diese kompetitive Zukunft charakterisiert vor allem die kapitalistische Wirtschaftsform mit ihrem Primat des Schneller, Höher, Weiter. Aus ihr resultiert letztlich auch die beschleunigte Gesellschaft, mit ihrem Hauptmerkmal der *Zeitknappheit:* Die Zukunft scheint gleichsam immer rascher verschlungen zu werden, sie rast förmlich auf uns zu. Solche Gesellschaften kennen keinen Stillstand, kein Verweilen oder Innehalten (Rosa 2005, Fuchs 2018). Zukunft und Innovation werden fortwährend beschworen und gefeiert. Doch wenn unentwegte Aktivität, Mobilität, technischer Fortschritt und wirtschaftliches Wachstum die obersten Gebote sind, dann bedeutet dies in Wahrheit, der Zukunft keinen Raum zu geben, ja ihr buchstäblich keine Zeit mehr zu lassen.

Eigentliche Zukunft im Sinne des Neuen, Noch-nicht-da-Gewesenen kommt auf uns zu, sie wird eher empfangen als gemacht. Während ein *rationales* Weltbild die Gegenwart als Produkt von Vergangenem begreift und die Zukunft nur als Objekt des Planens, wendet eine *schöpferische* Weltsicht den Blick auf das »Ankommende«. Die Kausalität der Herkunft und die Finalität der Planung werden kontrastiert mit der Offenheit der Zukunft. Das Gewordene wird durchlässig für das Werdende. Wer könnte, wer möchte ich werden? Gemeint ist nicht eine gezielte Lebensplanung, sondern eher eine Intuition für das jeweils für mich Mögliche und Stimmige; nicht fixierte Ziele, sondern eher eine Verlockung von inspirierenden Horizonten; nicht ein fertiges Projekt, sondern Offenheit für das Begegnende.

Etwas von dieser Anziehungskraft des *Noch-nicht* schwingt wohl in jedem Menschen mit. Jedes Menschenleben hat eine Tendenz zu Möglichkeiten, es trägt gewissermaßen einen Überschuss in sich. Es gibt immer ein Noch-nicht, einen Möglichkeitsraum und damit auch einen *Möglichkeitssinn*, auch wenn er nur im Hintergrund oder im Unbewussten wirksam ist. Diesen Möglichkeitssinn wachzuhalten bedeutet, sich den Ereignissen und Widerfahrnissen auszusetzen, sich auch von ihnen infrage stellen zu lassen. Offenheit der Entwicklung erfordert häufig eine Negation, die das Gewordene, die Herkunft und Gewohnheit relativiert und Raum für das Werden eröffnet. Wie begegnet uns diese Zukunft?

Der Zufall

Etwas stößt mir zu, fällt mir zu, überrascht mich. Das kann ein »Zufall« sein, also ein sonderbar unwahrscheinliches, aber mich doch be*treffendes* Ereignis; eine unerwartete oder neue Begegnung; ein Unfall oder eine Krankheit. Zukunft beginnt oft unscheinbar da, wo etwas »auf uns zukommt«, aber ungewohnt, antithetisch auf uns zukommt, als Frage, Störung oder Hindernis, in gewohnter Weise fortzufahren. Eine wesentliche Erfahrung, die in der Zukunft aufscheint, ist also die des *Zufalls*. Betrachten wir sie etwas näher.

Der Zufall bricht in das Leben ein, manchmal als Glück, manchmal auch als Unglück. Zwei Ereignisreihen treffen zusammen, ohne kausal miteinander zu tun zu haben oder auf eine gemeinsame Ursache zurückzugehen. Zwar fallen ständig irgendwelche Ereignisse zusammen, aber von Zufall sprechen wir dann, wenn diese Koinzidenz für uns in besonderer Weise auffällig oder bedeutsam ist. Nur weil sich der Zug verspätet hat, trifft man die Liebe seines Lebens, heiratet und bekommt Kinder. Oder: Ein geliebter Mensch wird Opfer eines Verkehrsunfalls, weil der Fahrer des entgegenkommenden Wagens von seinem Mobiltelefon abgelenkt war. Was im einen Fall als schicksalhafte Fügung erscheint, wird im anderen Fall zu einem fatalen Unglück. Warum gerade jetzt? Warum gerade er? Warum gerade ich? Es sind Fragen, die einen zur Verzweiflung treiben können. Es gehört zu den am schwersten erträglichen Zumutungen des Lebens, dass es dem Zufall, der Kontingenz ausgeliefert ist. Mit der Anerkennung des Zufalls akzeptieren wir auch die Ungesichertheit und Zerbrechlichkeit unserer Existenz.

Freilich gibt es den Versuch der Kontingenzbewältigung durch die Religionen. Sie interpretieren das Bloß-Zufällige als Werkzeug einer höheren Vorsehung und betten es dadurch in einen übergeordneten Sinnzusammenhang ein. Diese Möglichkeit ist hier nicht mein Thema. Doch das Zufällige kann auch verstanden werden als eine Bedeutsamkeit, die mit Tendenzen, Wünschen oder Möglichkeiten meiner selbst zu tun hat; Tendenzen, deren ich nicht gewahr war, die aber meine Aufmerksamkeit und Wahrnehmung latent beeinflusst haben. Dann ist der Zufall gar nicht mehr so zufällig, sondern entspricht meinen Voreinstellungen, Gefühlen und Erwartungen. Denken wir zum Beispiel an den Zustand der Verliebtheit, der bekanntlich mit einer Steigerung von unverhofften»Fügungen« einhergeht – alles scheint auf die geliebte Person zu verweisen, sie anzukündigen, und erstaunliche Koinzidenzen treten auf.»Gerade hat sie mich angerufen, da ertönt im Radio das Lied, das sie so gerne mag – das kann doch kein Zufall sein!«

Dazu bedarf es freilich keiner übernatürlichen Wirkung – die Erklärung liegt vielmehr in einer gesteigerten Empfänglichkeit für alles, was zur gegenwärtigen seelischen Gestimmtheit, zur Sehnsucht und zum Begehren passt. In der Kognitionspsychologie spricht man auch von *Salienz* oder Auffälligkeit – was man sonst vielleicht gar nicht beachtet hätte, tritt in den Vordergrund, weil es eine unbewusste Tendenz oder eine emotionale Verfassung bestätigt und bestärkt. In beginnenden schizophrenen Psychosen kann die Salienz so gesteigert sein, dass man überall Bedeutsamkeit erblickt, alles auf sich bezieht und keine Zufälle mehr gelten lässt. Der »Ausschluss des Zufalls« wurde in der Psychopathologie geradezu als das Charakteristikum des Wahns beschrieben (Berner 1978). Dem Patienten »fällt alles zu«, und daher scheint nichts mehr zufällig:

»Es kam mir so richtig vor, als ob die Welt sich um mich dreht [...], daß die Sonne nicht schien, wenn ich schlechte Gedanken hatte. Sobald ich gute Gedanken hatte, kam die Sonne wieder [...]. Ich hatte das alles auf mich bezogen, als wenn das auf mich gemacht wäre« (Schmidt 1941, S. 573f.).

»[…] irgendwie ist plötzlich alles für mich da, für mich gestellt. Alles um einen bezieht sich plötzlich auf einen selber. Man steht im Mittelpunkt einer Handlung wie unter Kulissen« (Klosterkötter 1988, S. 69).

Von dieser »Hypersalienz« (Kapur 2003) ist die normale Empfänglichkeit für Zufälle sicher zu unterscheiden. Dennoch machen solche psychopathologischen Phänomene deutlich, dass die »Auffälligkeit des Zufälligen« immer auch von der subjektiven Verfassung abhängt. Der Zufall wird daher für eine Psychologie bedeutsam, die der Wirkung unbewusster Tendenzen und Motive besondere Aufmerksamkeit zuwendet. So können auffällige Koinzidenzen auch im Verlauf einer Psychotherapie auftreten – schließlich handelt es sich dabei oft um einen intensiven, emotional bedeutsamen

Prozess, der die Empfänglichkeit der Patienten steigert. Jung (1952) hat für diese Phänomene den Begriff der *Synchronizität* geprägt. Man könnte auch vom Prinzip der *Korrespondenz* sprechen: Ein äußeres, an sich unabhängiges Ereignis antwortet auf die eigene innere Tendenz, und durch die unbewusst gesteigerte Aufmerksamkeit stellt man die entsprechende Verknüpfung her. Ich gebe dafür ein Beispiel aus meiner Praxis:

Eine 40-jährige Patientin litt seit über einem Jahr unter einer von phobischen Ängsten begleiteten Depression, so dass sie ihre sozialen Kontakte weitgehend abgebrochen und sich in ihre Wohnung zurückgezogen hatte. Aufgewachsen in einer stark religiös geprägten Familie, hatte sie sich nach der Schule dem Willen der Eltern gefügt, auf ihren Wunsch zu studieren verzichtet und stattdessen schon früh einen strenggläubigen Mann aus dem Umfeld ihrer Gemeinde geheiratet, der ihr eine solide Existenz bot, an dessen Seite sie jedoch emotional mehr und mehr verkümmerte. Die Therapie kam zunächst nicht voran, im Gegenteil verstärkten sich die Selbstzweifel und Angstzustände so, dass die Patientin fast handlungsunfähig wurde. Eines Tages geriet sie in einer Therapiesitzung ins Grübeln und überdachte ihre Lebensgeschichte, die sie in diese Sackgasse gebracht habe. Eigentlich hatte sie sich doch nach dem Abitur auf das Leben gefreut ... In diesem Zusammenhang erinnerte sie sich auch an einen Jugendfreund, mit dem sie damals für einige Zeit zusammen war, von dem sie aber seit vielen Jahren nichts mehr gehört hatte.

Beim nächsten Termin kam sie völlig aufgeregt in die Praxis, und es sprudelte nur so aus ihr heraus. Ein paar Tage nach der letzten Sitzung habe zufällig der Jugendfreund bei ihr angerufen und sich nach ihr erkundigt. Sie habe es gar nicht fassen können, weil sie doch lange gar nicht mehr an ihn gedacht habe. Sie hätten lange und herzlich miteinander gesprochen und sich über ihre Lebensentwicklung ausgetauscht. Das sei ihr sehr nahegegangen.

Von diesem Zeitpunkt an trat eine grundlegende Veränderung ein. Die Patientin führte trotz größter Ängste ihre Therapie durch, und es gelang ihr nach und nach, ihren Bewegungsradius wieder zu erweitern. Sie überdachte ihre Lebenssituation und beschloss, das Studium der Pädagogik nachzuholen, das sie mit großer Energie verfolgte. Als sie merkte, dass es mit ihrem Mann zu keiner gemeinsamen Entwicklung kam, trennte sie sich schließlich von ihm. Zwei Jahre später war sie nicht mehr wiederzuerkennen, eine lebensfrohe, unternehmungslustige Frau. Rückblickend erinnerte sie sich an den Anruf als einen »Weckruf«, von dem an sie ihr Leben wieder in die Hand genommen habe.

Wir brauchen nun nicht näher der Frage nachzugehen, was zu dieser sicher unwahrscheinlichen Koinzidenz geführt hat. Die Verbindung, die sich einmal zwischen zwei Menschen hergestellt hat, kann durchaus als eine untergründige Spur in beider Leben und Fühlen mitziehen, so dass sie eine fast zeitgleiche Erinnerung aneinander nicht ganz so unwahrscheinlich macht – ein »nicht zufälliger Zufall« gewissermaßen. Und auf die Dauer eines ganzen Lebens gesehen gibt es ohnehin auch extrem unwahrscheinliche Zufälle. Wichtiger als Wahrscheinlichkeiten aber ist die psychische Konstellation, die eine Person für solche Koinzidenzen empfänglich macht, und der Sinn, den sie daraus schöpft.

Es sind oft anstehende Entwicklungen und Wandlungen, die sich in solchen Koinzidenzen ankündigen, die aber noch nicht als solche bewusst geworden sind. Der Zufall enthält damit eine Frage: Kann ich in diesem Zusammentreffen eine Bedeutung sehen? Wenn ja, dann wird damit vielleicht etwas Künftiges angestoßen, eine Entwicklung in Gang gesetzt. Der Sinn des Zufälligen liegt dann in einer Konstellation, in der Inneres und Äußeres in eine *Resonanz* geraten und aufeinander antworten. Wir sehen, dass die Sinnbildung im Zufälligen nicht notwendig eine göttliche Vorsehung oder verborgene Mächte voraussetzt. Sie ist auch möglich auf der Grundlage eines *schöpferischen Werdeprinzips* in uns selbst, das für komplementär passende Situationen und Eindrücke offen und empfänglich ist. Der Sinn des Zufalls ist nicht vorgegeben, sondern entsteht gleichsam in einem Wechselgespräch, einer *Korrespondenz* zwischen dem Zusammentreffen von Ereignissen und dem aufmerksamen, fragenden Bewusstsein.

Das Wort »Zufall« scheint heute vor allem dem naturwissen-
schaftlichen Weltbild zuzugehören, wo es etwa die Sinnblindheit
von biologisch-evolutionären Prozessen bezeichnet.[3] Tatsächlich
aber wurde es erstmals von Meister Eckhart und anderen Mysti-
kern des 14. Jahrhunderts in die deutsche Sprache eingeführt
(Osman 1993, S. 239). Die Mystiker haben schon immer syn-
chronistisch gedacht, Innen und Außen in einer übergreifenden
Einheit gesehen. Das mittelhochdeutsche *zuovallen* bedeutet: »je-
mandem zufallen, zuteilwerden«, aber auch »einfallen«. In der mys-
tischen Vereinigung mit Gott geschieht dieses *Zufallen* als eine
nicht vorhersehbare Gnade, wie ein plötzlicher Einfall, der nicht
erzwungen werden kann. Meister Eckhart spricht auch vom See-
lenfunken *(vünkelin, scintilla animae),* der gleichsam überspringen
muss. »Zufallen« und »Einfallen« sind demnach eng miteinander
verknüpft.

Zufall, Einfall und das Neue

Auch am Anfang kreativer Einfälle und Prozesse in Kunst, Literatur und Wissenschaft steht häufig der Zufall. Ohne Zufall und
Einfall gibt es keine schöpferische Innovation. Das kreative Neue
entsteht dabei oft, wenn etwas in einem veränderten Kontext erscheint, der das bislang Bekannte und Vertraute plötzlich in einem
anderen Licht zeigt. Friedrich August Kekulés berühmte Entdeckung des Benzolrings 1861 ging, wie er selbst berichtete, auf einen
Traum zurück, in dem er nach wochenlanger Beschäftigung mit
der möglichen Struktur der Kohlenstoff- und Wasserstoffatome des
Benzols plötzlich das alte alchimistische Symbol des *Ouroboros* vor
sich sah, der Schlange, die sich in den Schwanz beißt – diese uralte
Idee brachte ihn auf den Gedanken, sich die Atome in einem Ring
angeordnet zu denken. Thomas Kuhn beschreibt die »Revolutionen in der Wissenschaftsgeschichte« als plötzlichen Gestaltwandel:
»Die Wissenschaftler sprechen dann oft von den ›Schuppen, die
ihnen von den Augen fallen‹ oder vom ›Blitzstrahl‹, der ein vorher

dunkles Rätsel ›erhellt‹« (Kuhn 1976, S. 134f.). Nicht selten kommt die betreffende Erleuchtung im Schlaf. Das kreative Neue ereignet sich freilich nicht aus völlig heiterem Himmel. Es bereitet sich in bestimmten Stadien vor, die in der Kreativitätsforschung herausgearbeitet wurden (Wallas 1926, Holm-Hadulla 2005):

1. Zu Beginn steht oft ein Problem oder eine Krise, in der bisherige Routinen oder Gewohnheiten nicht mehr weitertragen, ein bislang begangener Weg nicht mehr ohne Weiteres fortgesetzt werden kann. Man kann auch von einer Situation der Störung *(Perturbation)* sprechen.

2. Es folgt eine Phase der Ratlosigkeit und der Suche nach einer Lösung, in der sich das Neue vorbereitet – die Phase der *Inkubation. Incubatio* nannte man in der Antike den Tempelschlaf, durch den ein beim Orakel Ratsuchender Antwort auf seine Frage erhoffte – der Traumeinfall wurde dann vom Priester gedeutet. Hier liegt eine Beziehung zur Psychoanalyse: Träume sind ja gewissermaßen auch Einfälle, nicht zufällige Zufälle.

3. Aus der Inkubation resultiert nun die meist plötzliche Einsicht, Inspiration oder *Illumination,* ein Begriff, der nicht zufällig an die Erleuchtung der Mystiker erinnert.

4. Dem folgt schließlich die *Verifikation* und Konsolidierung des Neuen, das nun zur Basis und Orientierung für weitere Aktivitäten wird (eine Phase, die ebenso wie Perturbation, Inkubation und Illumination auch bei der Patientin im Fallbeispiel erkennbar war).

Die interessanteste Phase des kreativen Prozesses ist dabei wohl die der Inkubation, eines Sinns sozusagen *in statu nascendi*, im Entstehen (Fuchs 2013). Es ist ein Sinn, der nicht gezielt gefunden oder gemacht, sondern nur »empfangen« werden kann. William James hat dies mit der Suche nach einem Namen verglichen, den man vergessen hat, der einem aber auf der Zunge liegt. Alle gezielten Suchbemühungen führen jedoch nur weiter in die Sackgasse:

Es ist, »[…] als wäre der Name eingeklemmt und als würde jeder Druck ihn nur noch mehr hindern aufzutauchen. Und dann ist oft das entgegengesetzte Verfahren erfolgreich. Gib alle Anstrengungen auf; denke an etwas völlig anderes – und spätestens nach einer halben Stunde kommt einem der vergessene Name mit einem Sprung […] in den Sinn« (James 1997, S. 224).

Ganz ähnlich verhält es sich mit dem Neuen, der gesuchten Klärung oder Lösung: Erst die Preisgabe der Suchhaltung, der Verzicht auf die gezielte Absicht gibt den Raum frei für eine neue Sinnbildung, die sich im Unbewussten, gleichsam »hinter der Bühne« schon angebahnt hat, die aber vom bewussten Denken so verschieden ist, dass sie von der willentlichen Bemühung nur gestört werden kann.

Freilich stammt dieses Neue nicht aus dem klassischen Unbewussten, d. h. aus verdrängtem Vergangenem. Ernst Bloch hat diesem Vergangenheitsunbewussten der Psychoanalyse eine andere Form des Unbewussten gegenübergestellt, das »Noch-nicht-Bewusste«; man könnte es auch das *Ahnungsbewusste* nennen. Es ist das, was sich unter der Oberfläche des Bewusstseins vorbereitet und entwickelt, noch latent, aber bereits *in statu nascendi* begriffen. Das Unbewusste bedeutet also nicht nur Reminiszenz, sondern auch Latenz: »Das *Noch-nicht-Bewusste* ist so einzig das Vorbewusste des Kommenden, der psychische Geburtsort des Neuen« (Bloch 1959, S. 132). Die Zeitlichkeit des Neuen stammt nicht aus der Vergangenheit; sie öffnet sich von der Zukunft her. Was wir sind, liegt immer noch vor uns, es steht in Latenz: »Es ist noch nicht erschienen, was wir sein werden« (1 Joh 3,2).

Das kreative Neue ergibt sich also aus einem glücklichen Zusammentreffen von inneren und äußeren Momenten. Es erfordert eine Offenheit und Bereitschaft auf der Seite des Subjekts ebenso wie eine dazu passende Konstellation von äußeren Umständen oder Ereignissen. Diese günstige Konstellation, die Gelegenheit, die sich für einen bestimmten Moment öffnet, nannten die Griechen *kairós*, den rechten Zeitpunkt oder die glückliche Fügung, von der alles Weitere abhängt. *Kairós* wurde sogar als eine Gottheit dargestellt, nämlich mit einem halbkahlen Haupt und einer Haarsträhne an der Stirn – ein geflügelter Gott also, dessen Schopf man rechtzeitig ergreifen musste, weil man sonst nur noch sein kahles Hinterhaupt zu fassen bekam und die Gelegenheit, die man eben nicht »beim Schopf packte«, ungenutzt verstrich. In instabilen oder zufälligen Prozessen kommt es also darauf an, den richtigen Moment zu erkennen und zu ergreifen – eben den *kairós*.

Das Neue in der Interaktion

Wir haben gesehen, dass Zukunft im Sinne des Neuen, des schöpferischen Werdeprinzips weder die bloße Fortschreibung der Vergangenheit bedeutet noch die Finalität des zielgerichteten Wollens. Authentische Zukunft erfordert vielmehr eine besondere Offenheit und Empfänglichkeit für das Unerwartete oder Zufällige. Das kann gerade auch in dem liegen, was uns »in die Quere kommt« und unsere gewohnten Bahnen durchkreuzt – also in den »Anomalien« des Alltags. Zukunft eröffnet sich im Durchbrechen unseres Erwartungshorizontes, in der Erfahrung des *Anderen*, des Überraschenden, auch des Fremden.

Paradigma einer solchen Situation ist die Begegnung mit einem anderen Menschen. Authentische Begegnung ist unberechenbar; sie lässt sich nicht wollen, voraussehen oder planen. Mit ihr beginnt etwas Neues. Der Andere ist uns in der Begegnung nicht verfügbar, objektivierbar; wir sind unmittelbar von seinem Sein angesprochen.[4] Wirkliche Begegnungen stellen uns immer eine *Frage*. Wir können sie überhören; dann bleibt die Begegnung zufällig im Sinne von beiläufig. Begegnung wird dann leicht zur »Vergegnung«, wie Martin Buber es ausdrückte (Buber 1984). Wir können aber auch in eine wirkliche Gegenwart zum Begegnenden gelangen, die Frage vernehmen und auf sie antworten. Dann entsteht das, was man wieder das Prinzip der *Korrespondenz* nennen kann: ein eigenes Ursacheprinzip, das nicht vergangenheitsbestimmt, kausal-determiniert, aber auch nicht zielorientiert und final wirkt, sondern unvorhersehbar *in der Gegenwart selbst*.

Wollen wir das Neue erfahren, so tun wir daher gut daran, es besonders in Begegnungen und in Interaktionen mit Anderen zu suchen. In seiner bekannten Schrift *Von der allmählichen Verfertigung der Gedanken beim Reden* empfahl Heinrich von Kleist, sich beim Entwickeln noch unklarer Gedanken am besten an eine andere Person zu wenden und einfach zu sprechen anzufangen. Dann würde sich der Gedanke gleichsam von selbst einstellen (Kleist 1964). Warum? Zum Einen, weil die Erwartung des Gesprächspartners unser Sprechen mit vorantreibt – wir wollen uns ihm verständlich machen. Zum Anderen aber auch deshalb, weil bei jeder Interaktion zwei Sichtweisen aufeinandertreffen und auch aus diesem Zusammentreffen Neues entstehen kann. Wir treffen auf eine andere Perspektive und müssen sie mit unserer eigenen abgleichen, ohne den Gesprächsverlauf voraussehen zu können. Begegnungen und Dialoge sind daher ein natürliches Laboratorium für das Neue und Unerwartete.

Interaktionen sind komplexe verbale und zugleich nonverbale Prozesse; sofern sie nicht einem vorgegebenen Ritual oder Machtgefälle unterliegen, lassen sie sich grundsätzlich nicht vorausberechnen. Mit jeder wirklichen Begegnung beginnt daher etwas Neues. Sinn wird fortwährend erzeugt und transformiert durch den unvorhersagbaren Prozess des Sprechens und Antwortens, der Antwort auf die Antwort, und so weiter. Keiner der Interaktionspartner ist in der Lage, den Prozess vollständig zu steuern, sondern sie werden beide in die Interaktion hineingezogen, die damit gleichsam ein Eigenleben gewinnt. Es entsteht ein sich selbst organisierender und »improvisierender« Prozess, in dem neue Bedeutungen entstehen können, nicht im Kopf von jeweils einem, sondern aus dem »Zwischen« der Beziehung, die beide umgreift.

Der Psychoanalytiker Daniel Stern hat diesen Prozess in der Psychotherapie eingehend untersucht und dabei die Gegenwartsmomente, »*now moments*«, als besondere Wendepunkte hervorgehoben (Stern 2005). In ihnen entsteht unvorhergesehen – durch eine Geste, eine unerwartete Reaktion, vielleicht auch ein Missverständnis – ein neuer Sinn, eine gemeinsame Erfahrung, die beide Partner zu einer neuen Stufe der Interaktion führt. Solche Gegenwartsmomente enthalten *in nuce* zentrale Themen der Beziehung, sind aber ergebnisoffen: Innerhalb weniger Sekunden stellen und entscheiden sich grundlegende Vertrauensfragen, werden Veränderungen angebahnt, glücken oder missglücken Therapien. Oft bleiben diese äußerlich vielleicht unscheinbar wirkenden Momente den Patienten doch Jahre später noch bewusst als Wendepunkte in der Therapie und in ihrem Leben.

In diesen flüchtigen und kostbaren Gegenwartsmomenten begegnen wir wieder dem *Kairós,* dem Gott des rechten Augenblicks, der aber hier nicht aufgrund günstiger äußerer Konstellationen erscheint, sondern aus dem Zwischen der Beziehung auftaucht, aus der Begegnung zweier Menschen mit ihren Erwartungen, Wünschen, Hoffnungen, Ängsten und mit ihren Lebensgeschichten, die sich zu einem gemeinsamen Moment verdichten – einem *status nascendi,* aus dem Neues entsteht.

Resümee: Zufall und Sinn

Ich habe verschiedene Formen der Zukunft beschrieben: 1. die primäre Zeitlichkeit des Lebens als vitale Gerichtetheit nach vorne; 2. die finale, bewusst ins Auge gefasste Zukunft als Plan und Projekt; und schließlich 3. die Zukunft als offene Möglichkeit und als Ankunft des Neuen, das uns zufällig und zugleich nicht zufällig begegnet. Diese dritte Form der Zukunft steht zu den beiden anderen eher in einem gegensätzlichen Verhältnis und erfordert daher eine besondere Offenheit und Empfänglichkeit. Sie wird besonders in Situationen der Überraschung, Verwunderung, der Störung, des Zufalls oder des plötzlichen Einfalls erfahrbar. Und es hängt von der Bereitschaft der Person ab, ob sie in dem, was ihr da zufällt, auch die Bedeutsamkeit erkennen und den möglichen Sinn der Konstellation erfassen kann.

Ich möchte diese unterschiedlichen Formen von Zukunft nun den Begriffen des *Ich* und des *Selbst* zuordnen. »Ich« bezeichnet die Person, als die wir uns selbst wahrnehmen und kennen, der wir und andere bestimmte Eigenschaften und Verhaltensweisen zuschreiben. Das »Selbst« hingegen bezeichnet die Person in ihren Möglichkeiten, in ihrem noch ungelebten Leben; in dem, was in Latenz steht und die Tendenz in sich trägt, sich zu realisieren.[5] Weder Ich noch Selbst sind dabei als Instanzen oder gar als eigene Entitäten zu denken – es sind vielmehr Pole der Person, die immer zwischen Wirklichkeit und Möglichkeit ausgespannt ist. Wir sind nie bloß, was wir sind, sondern immer erst unterwegs zu uns selbst: »Es ist noch nicht erschienen, was wir sein werden« (1 Joh 3,2).

Die Zeitlichkeit des Ich ist die des kausal bedingten und final gerichteten Lebensablaufs. Das alltägliche Ich erkennt sich, wie bereits gesagt, in seinem Gewordensein; es versteht sich aus seinen vergangenen Erfahrungen heraus und tendiert zur Fortsetzung des Bewährten, des »für mich Typischen«. Die Zeitlichkeit des *Selbst* ist eine andere: Sie wirkt von der Zukunft her, als Latenz und Tendenz. Das aus der Vergangenheit hervorgehende Ich begegnet in der wachen Gegenwärtigkeit dem *Anderen*: dem Zufälligen, dem Unerwarteten oder auch Fremden – und damit dem Selbst, das ihm als Möglichkeit gleichsam von der Zukunft her entgegenkommt. Diese Zukunft ist also eine ganz andere als die Zukunft der Finalität, des bloßen Sicherhaltens und Sichfortsetzens. Das eigentliche Werden des Selbst realisiert sich nicht im Selbstbesitz. Zukunft im authentischen, schöpferischen Sinn ist etwas anderes als nur »mehr desselben«.

Die eigentümliche Erfahrung des Zusammentreffens von innerer Entwicklungstendenz und äußeren, scheinbar zufälligen Ereignissen habe ich als »Korrespondenz« bezeichnet. Korrespondenz bedeutet sowohl die Entsprechung von innen und außen als auch ein Verhältnis von Frage und Antwort: das äußere Ereignis, der Zufall, die unvorhersehbare Begegnung, die für mich zur Frage wird; und die Antwort, die ich aus der Offenheit für die Möglichkeiten meiner selbst heraus zu geben vermag. So gesehen ist das

Zufällige eine Gelegenheit und ein Anruf zur schöpferischen Entwicklung.

Die Erfahrung dieser Entsprechung von Zufall und Entwicklung, der Dialektik von Frage und Antwort können wir auch als »Sinn« bezeichnen. Sinn integriert das äußere Geschehnis in die Biografie, so dass es angeeignet und damit zur Ankunft dessen werden kann, was ich werden könnte. Dieser Sinn ist niemals ein fertiger und abgeschlossener. Nur in seltenen Sinn- oder Seinserfahrungen, in denen das Leben zu einem Ganzen wird, können wir dessen innewerden, dass unsere Existenz insgesamt eine in sich sinnvolle ist. Aber dieser sich für einen Augenblick schließende Kreis des Sinnes öffnet sich immer wieder, um sich einer neuen Zukunft auszusetzen und damit den Möglichkeiten des Selbst Raum zu geben.

Anmerkungen

1 »Das primäre Phänomen der ursprünglichen und eigentlichen Zeitlichkeit ist die Zukunft« (Heidegger 1927, S. 329).
2 Auch der Entropie-Satz der Thermodynamik macht hier keine Ausnahme: Danach nimmt in einem geschlossenen physikalischen System die Wärme oder Entropie als Maß der Unordnung immer weiter zu, und diese Zunahme ist irreversibel. Doch der Satz gibt nur eine statistische Gesetzmäßigkeit wieder; Entropie stellt keinen *aus sich selbst heraus* gerichteten Prozess dar. Die physikalische Welt »strebt nicht« nach Unordnung.
3 Paradigmatisch steht dafür noch immer Jacques Monods »Zufall und Notwendigkeit« (1971).
4 Der Philosoph Emmanuel Levinas hat in diesem Sinn die Begegnung mit dem Anderen als das eigentliche Ereignis der Zukunft angesehen: »Die Vorwegnahme der Zukunft, das Entwerfen der Zukunft, durch alle Theorien von Bergson bis Sartre als das Wesentliche der Zeit glaubhaft gemacht, sind nur die Gegenwart der Zukunft und nicht die authentische Zukunft; die Zukunft ist das, was nicht ergriffen wird, was uns überfällt und sich unser bemächtigt. Die Zukunft, das ist das andere. Das Verhältnis zur Zukunft, das ist das eigentliche Verhältnis zum anderen. Von Zeit zu sprechen in *einem* Subjekt allein, von einer rein persönlichen Dauer zu sprechen, scheint uns unmöglich« (Levinas 1989, S. 48). – »Die Situation des Von-Angesicht-zu-Angesicht wäre der eigentliche Vollzug der Zeit; das Übergreifen der Gegenwart auf die Zukunft ist nicht die Tat eines einsamen Subjekts, sondern das intersubjektive Verhältnis« (ebd., S. 51).

5 Die Unterscheidung orientiert sich zum Einen an William James' Gegen-
überstellung des »self as knower« (erkennendes Selbst) und des »self as known«
(erkanntes Selbst oder empirisches Ich) (James 1890), zum Anderen an C. G.
Jungs Begriff des Selbst als übergeordnetem Zentrum der Person im Unterschied
zum Ich als dem bewussten Anteil des Selbst (Jung 1971). Die beiden Begriffe
werden hier jedoch in modifizierter Weise gebraucht.

Literatur

Berner, P. (1978): Psychopathologische Wahnforschung und psychiatrische Hy-
pothesenbildung. In: Nervenarzt 49, S. 147–152.

Bloch, E. (1959): Das Prinzip Hoffnung. Bd.1. Suhrkamp, Frankfurt am Main.

Buber, M. (1984): Das Dialogische Prinzip. Lambert Schneider, Heidelberg.

Fuchs, T. (2013): In statu nascendi. Philosophische Überlegungen zur Entste-
hung des Neuen. In: H. R. Fischer (Hg.): Wie kommt Neues in die Welt?
Phantasie, Intuition und der Ursprung von Kreativität. Velbrück, Weilers-
wist-Metternich, S. 73–85.

Fuchs, T. (2018): Chronopathologie der Überforderung. Zeitstrukturen und
psychische Krankheit. In: T. Fuchs / L. Iwer / S. Micali (Hg.): Das überforderte Subjekt. Zeitdiagnosen einer beschleunigten Gesellschaft. Suhrkamp,
Frankfurt am Main, S. 52–79.

Heidegger, M. (1927): Sein und Zeit. Niemeyer, Tübingen.

Holm-Hadulla, R. M. (2005): Kreativität. Konzept und Lebensstil. Vandenhoeck & Ruprecht, Göttingen.

James, W. (1890): The principles of psychology. Henry Holt, New York.

James, W. (1997): Die Vielfalt religiöser Erfahrung. Insel, Frankfurt am Main.

Jung, C. G. (1952): Synchronizität als ein Prinzip akausaler Zusammenhänge.
In: C. G. Jung / W. Pauli: Naturerklärung und Psyche. Rascher, Zürich, S.
1–107.

Jung, C. G. (1971): Psychologische Typen. GW 6. Walter, Olten.

Jung, C. G. (1976): Die Archetypen und das kollektive Unbewußte. GW 9/I.
Walter, Olten.

Kapur, S. (2003): Psychosis as a state of aberrant salience: A framework linking
biology, phenomenology, and pharmacology in schizophrenia. In: American
Journal of Psychiatry 160, S. 13–23.

Kleist, H. v. (1964): Über die allmähliche Verfertigung der Gedanken beim
Reden. In: Gesammelte Werke. Deutsche Buch-Gemeinschaft, Berlin/
Darmstadt/Wien, S. 1032–1037.

Klosterkötter, J. (1988): Basissymptome und Endphänomene der Schizophrenie.
Springer, Berlin / Heidelberg / New York.

Kuhn, T. S. (1976): Die Struktur wissenschaftlicher Revolutionen. Suhrkamp,
Frankfurt am Main.

Levinas, E. (1989): Die Zeit und der Andere. Meiner, Hamburg.

Monod, M. (1971): Zufall und Notwendigkeit. Philosophische Fragen der modernen Biologie. Piper, München.

Osman, N. (Hg.) (1993): Kleines Lexikon deutscher Wörter arabischer Herkunft. 7. Aufl. C. H. Beck, München.

Rosa, H. (2005): Beschleunigung: die Veränderung der Zeitstrukturen in der Moderne. Suhrkamp, Frankfurt am Main.

Schmidt, G. (1941): Zum Wahnproblem. In: Zeitschrift für die gesamte Neurologie und Psychiatrie 171, S. 570–590.

Spaemann, R. (1995): Zum Begriff des Lebens. In: Kockott, G., Möller, H.-J. (Hg.): Sichtweisen der Psychiatrie. Zuckschwerdt, München, S. 84–89.

Stern, D. N. (2005): Der Gegenwartsmoment: Veränderungsprozesse in Psychoanalyse, Psychotherapie und Alltag. Brandes & Apsel, Frankfurt am Main.

Trübners deutsches Wörterbuch (1957). Begründet von A. Götze. In Zusammenarbeit mit M. Gottschald und G. Hahn hg. von W. Mitzka. Bd. 8: W–Z. de Gruyter, Berlin.

Wallas, G. (1926): Art of Thought. Watts & Co., London.

Ernst Peter Fischer

Welches Wissen – welche Wissenschaft – braucht die Zukunft?

Das Thema der Tagung lautet »Lust auf Zukunft – Sorge, Zweifel, Zuversicht«. Das stellt eine merkwürdige Kombination dar – Lust und Sorge zugleich? Naturwissenschaftler sind naturgemäß optimistisch (»Das schaffen wir!«) und mehr aufseiten der Zuversicht, wenn sie auch manchmal vorsichtig-skeptisch agieren. Doch die Forscher wissen: Die Zukunft kommt von alleine und stellt sich den Menschen zur Verfügung. Man muss nur auf sie warten (warten können) und dann bereit sein, sie zu gestalten und zu erleben. Dabei sollte niemand denken, dass die Welt determiniert oder gar programmiert ist – wie noch besprochen wird –, man sollte vielmehr zur Kenntnis nehmen, dass sie mit dem zunehmenden Wissen der Menschen nicht durchsichtiger, sondern geheimnisvoller wird, wie ich in meinem Buch *Die Verzauberung der Welt* (2014) ausgeführt habe. Die Welt wird paradoxerweise durch ihre Erklärung nicht entzaubert, wie viele Soziologen meinen und verbreiten. Sie wird im Gegenteil verzaubert, wie die Naturforscher spätestens wissen, seit sie sich ernsthaft um Atome gekümmert haben und dabei einen Umsturz im Weltbild der Physik vornehmen mussten.

Die Kombination »Wissen und Zukunft« bekommt ihre historische Relevanz mit der Geburt der modernen Wissenschaft, die im frühen 17. Jahrhundert in Europa einsetzt. Damals gab es vor allem das Verlangen nach einer konkreten Art von Wissen, nämlich dem, die Bedingungen der menschlichen Existenz zu erleichtern und also Leiden zu mindern und Freuden zu vermehren, und die ersten Erfolge auf diesem Weg des Fortschritts in Form einer wachsenden Macht über die Natur wurden durch die Vertreter der Aufklärung bewundert und vorangetrieben. Irgendwann sind dann allerdings die Planbarkeit der Zukunft, die Vorhersagbarkeit des Fortschritts und die Sicherheit des Wissens verloren gegangen, wie zum Beispiel bereits Goethe bemerkt hatte, der seinen Teufel im Faust sagen lässt:»Ich bin ein Teil von jener Kraft, die stets das Böse will und stets das Gute schafft« (V. 1337f.).

Viele Menschen machen seitdem in einer komplizierter werdenden und stärker vernetzten Welt die umgekehrte Erfahrung, dass sie zwar stets das Gute – das Helle – wollen, dabei trotzdem aber stets und unvermeidlich das Böse – das Dunkle – mitschaffen. Das Gute im Großen wären zum Beispiel das Kraftfahrzeug und die Kernenergie und das dazugehörige Böse die Abgase, der Klimawandel und die Atombombe, oder das Gute im Kleinen wäre der Genuss von Tabak und das entsprechende Böse die Zunahme von Krebserkrankungen.

Es gibt andere Beispiele: So sollte das Helle das Versprechen liefern, Krebs durch Offenlegen von Genomen zu verstehen, während das Dunkle darin besteht, dass inzwischen eher Verwirrung herrscht und längst von »dark matter« und »Geistern« in den menschlichen Erbanlagen die Rede ist – wobei der Begriff der Dunkelmaterie aus der Kosmologie kommt, die auch kein Licht am Himmel anzünden kann und vielmehr vermelden muss, dass fast alles über den Köpfen Dunkel ist, Dunkelenergie und Dunkelmaterie nämlich. Dabei erlaube ich mir den Hinweis, dass die erwähnte Energie selbst unerklärt und geheimnisvoll – also im Dunkel des Wissens – bleibt, während sie sich dauernd wandelt und die Menschen in Bewegung hält. Man könnte so fortfahren, wobei ich von den guten – weil doch – begehrten iPhones und ihren unabsehbaren – höchstwahrscheinlich negativen – Folgen (Stichwort »Digitale Demenz«) gar nicht erst anfangen will und das Thema offenlasse – mit dem Hinweis, dass das Internet nach Diesel stinkt und iPhones mehr zur Umweltbelastung beitragen als dicke Autos.

Unabhängig davon: Da gibt man den Menschen ein offenbar befreiendes Wunderwerk in die Hand, und prompt denken viele Zeitgenossen darüber nach, wie es zu zügeln und zu beherrschen ist, da es längst dabei ist, die Menschen zu beherrschen und abhängig zu machen, sie zu überwachen und ihnen jede Privatheit zu nehmen. Hier zeigt sich in aktuellen konkreten Fällen das, was die Romantik, die nach der Aufklärung kam, bereits vor gut zweihundert Jahren allgemein als polare Weltsicht, als »Gesetz der Polaritäten« vertreten hat, was sich auf der Ebene der Physik als Kraft und Gegenkraft (Anziehung und Abstoßung) zeigt, was sich im gesellschaftlichen Bereich als individuelles Recht und soziale Pflicht zu erkennen gibt, was sich im humanen Bereich als Wachen und Träumen oder als bewusstes und unbewusstes Denken finden lässt und was überhaupt auf ein duales Weltbild verweist, zu dem das Aufgeklärte neben dem Romantischen ebenso gehört wie das Außen zu dem Innen und das Gute zu dem Bösen, das es allein deshalb geben muss, weil es sonst keine Freiheit gäbe, sich für das Gute zu entscheiden.

Welche Wissenschaft braucht die Zukunft?

Mein Thema lautet konkret unter anderem, welche Wissenschaft die Zukunft braucht – wobei mich das Verb immer an die Frage von Tolstoi erinnert: »Wie viel Erde braucht der Mensch?«, deren Antwort man in der Geschichte mit diesem Titel finden kann. Trotzdem will ich antworten, und da mir als Historiker der Blick in die Vergangenheit erlaubt ist, kann ich Beispiele aus dieser Zeit für meinen Vorschlag anführen, dass die künftigen Wissenschaften ihre disziplinären Grenzen überwinden und interdisziplinär werden müssen, wenn sie so erfolgreich sein wollen wie früher. Von heute aus gesehen brauchten die Menschen in den ersten Jahrzehnten des 20. Jahrhunderts eine Atomphysik – nicht wegen der Kernenergie, sondern wegen der Transistoren und der Chips in den iPhones und damit für einen großen Teil der Weltwirtschaft –, und der Weg dorthin ist ihnen dadurch gelungen, dass sich einige Physiker auch und vor allem philosophische Gedanken über die Frage machten, was die Welt im Innersten zusammenhält. Atome hatten plötzlich kein Aussehen mehr, und die Bahnen, auf denen Elektronen unterwegs sind, gab es auf einmal nur noch, weil sie von Menschen beschrieben und entworfen werden. Atome wurden zu Geschöpfen des Menschen, auch wenn es sich komisch anhört. Er legte kreativ ihre Form fest und traf somit im Innersten der Welt auf sich selbst und seine Werke.

Wohlgemerkt: Erst als man den Gedanken aufgab, dass Atome objektive Dinge sind, konnte man beginnen, sie zu verstehen. Und ich bin sicher, dass das Geschäft der Genetik erst verstanden wird, wenn man aufhört, Gene als molekulare Dinge zu verstehen, und begreift, dass es keine Gene als feste Gebilde, sondern nur als dynamische Formen im Wandel der Lebensenergie gibt. Gene sind nicht und werden immer nur – wie das Leben selbst, das ja permanent Stoffwechsel betreiben muss und nur werden kann –, wobei es zuletzt dabei unvermeidlich immer älter wird.

Die Verbindung zwischen Atomen und Genen ist nicht nur konzeptionell, sondern vor allem historisch zu begründen. Aus der Atomphysik ist nämlich in den Jahren des Zweiten Weltkriegs die moderne Genetik – die Molekularbiologie – hervorgegangen, und zwar nicht zuletzt deshalb, weil jemand Mut bewiesen hat. Gemeint ist Erwin Schrödinger mit seinem Buch *Was ist Leben?* aus den 1940er Jahren (Anmerkung: Das ist eigentlich die falsche Frage, die richtig »Wie entsteht Leben?« heißen müsste). Für Schrödinger schien klar: Die Zukunft der Biologie brauchte Physiker, die Gene als Atomverbände verstehen konnten; und diese Wissenschaftler haben dann tatsächlich die Molekularbiologie geschaffen, wie sie bis heute floriert. Was aber brauchten die Physiker für den Schritt über disziplinäre Grenzen hinweg? Den Mut, sich der Gefahr auszusetzen, sich lächerlich zu machen. Diesen hatte zum Beispiel das britisch-amerikanische Duo aus Francis Crick und James Watson, die 1953 ein Modell für die Struktur des Erbmaterials DNA vorstellen konnten: die berühmte Doppelhelix, die zur Grundlage der Revolution in den Lebenswissenschaften wurde.

Die Gefahr, sich lächerlich zu machen, besteht heute mehr denn je. Bei Themen wie Energie(wende), Genome Editing, Klimawandel und Luftreinhaltung laufen selbst Experten dauernd Gefahr, sich lächerlich zu machen, wenn sie denn den Mut hätten, das zuzugeben, und zudem einräumen würden, dass der Einsatz von Wissenschaft längst keine Vorhersagbarkeit mehr garantiert – wie sich zum einen in diesen Zeiten dank der Chaosforschung und ihrer Analyse komplexer Systeme mit all ihren Nichtlinearitäten zeigt und wie zum Zweiten Blicke in die alte und neue Geschichte erkennen lassen (siehe Abb. 1: Im 20. Jahrhundert).

Schon Newton wusste, dass es keine Determinierung der Welt – dafür aber die Kreativität von Menschen – gibt, und als in den 1960er Jahren versucht wurde, »Futurologie als exakte Wissenschaft« zu betreiben – so der angekündigte Titel einer Vorlesung von Robert Jungk –, konnte man über die Ergebnisse nur lachen (»Die Welt im Jahr 2000« – ZDF-Dokumentation von 1972, sogar »Das 198. Jahrzehnt« – Zeit 42/1969). Eine solche Futurologie brauchen die Menschen sicher nicht, die kann auch nichts liefern, wie Poppers Paradox erkennen lässt, das besagt, dass Menschen zwar alles Mögliche wissen können, aber nicht das, was sie in Zukunft wissen werden. Sonst wüssten sie es ja schon. Die schwarze Wand der Zukunft rückt gerade durch die Fülle des aktuellen Wissens immer näher auf uns zu. Und außerdem kann Wissenschaft die Welt nicht entzaubern – es gibt keine Berechenbarkeit, trotz Max Webers Ansicht von 1917 –, und inzwischen ist von einem »New Dark Age« die Rede, weil die vielen Daten die Welt gerade nicht durchsichtig oder durchschaubar machen, was sich bei den gesellschaftlichen und politischen Vorgängen jeder selbst vor Augen führen kann und was oben am Beispiel des Genome

---

Unstetigkeit
Unbestimmtheit
Unentscheidbarkeit
Unvorhersagbarkeit
Ungenauigkeit
Unerschütterlichkeit

Abb. 1: Im 20. Jahrhundert

Editing, einer dazugehörigen Genomologie und der Kosmologie erläutert wurde.

Das heißt, natürlich können es viele Forscher – vor allem im Bereich der künstlichen Intelligenz (KI) – nicht lassen, fleißig weiter Prognosen zu liefern und etwa davon zu reden, dass man in wenigen Jahrzehnten Maschinen haben wird, deren künstliches neuronales Netzwerk so groß wie ein menschliches Gehirn sein wird, wobei es dann sogar schneller funktioniert, da die Maschine nicht aus biologischen Verbindungen mit trägen Molekülen, sondern aus physikalischen Kabeln oder Signalwandlern besteht und flotte Elektronen einsetzt. Solch ein Wunderding braucht dazu natürlich Ressourcen, und da es davon mehr im Sonnensystem als auf der irdischen Biosphäre gibt – so die Vorhersage –, wird demnächst irgendwo in der Milchstraße eine KI-Ökologie entstehen, wenn man den Prognosen der KI-Forscher traut, die gerne groß und über irdische Grenzen hinaus denken und die ich da ruhig weitermachen lasse.

Die Verzauberung der Welt

Ich möchte weniger über solche Ingenieurswissenschaften und mehr über Grundlagenwissenschaften sprechen und Ihnen versichern, dass sie die Welt durch ihre Erklärungen nicht entzaubern, sondern im Gegenteil verzaubern und ihr Geheimnis vertiefen. Die Wissenschaften erklären etwas Bekanntes, etwa das Fallen von Gegenständen, durch etwas Unbekanntes und Unsichtbares – ein Gravitationsfeld in dem Fall –, sie verwandeln etwas Gewöhnliches wie das Licht in etwas Geheimnisvolles – nämlich in Welle und Teilchen zugleich –, und damit passiert etwas Besonderes, auch wenn es vielfach und gerne übersehen wird. Denn das Schönste, was Menschen erleben können, ist das Gefühl für das Geheimnisvolle, das sie zum Staunen bringt und sie kreativ werden lässt. Und da dieses Geheimnisvolle durch das eigene Tun vertieft wird, bleibt den Menschen das Gefühl für die Lust auf Zukunft nicht nur erhalten, es nimmt sogar zu. Die Zukunft stellt das ultimative und damit größte Geheimnis dar – abgesehen von einem selbst, und deshalb kann man sich ihr voller Zuversicht zuwenden. Menschen streben zudem von Natur aus nach Wissen, und das bei diesem Treiben tiefer werdende Geheimnis der Welt sorgt dafür, dass dieses Streben eine lange und schöne Zukunft bekommt, auf die alle immer mehr Lust haben können.

An dieser Stelle möchte ich vorschlagen, einen klassischen Satz zu variieren. Es stimmt einfach nicht, was Sokrates gesagt und gemeint hat – »Ich weiß, dass ich nicht weiß«. Vielmehr gilt: »Ich weiß, dass ich wissen will.« Menschen können nicht *nicht* wissen wollen, selbst wenn sie wissen, dass sie nicht plötzlich Klarheit gewinnen können – über die Zukunft zum Beispiel. Es stimmt einfach: Menschen wollen wissen – in der heidnischen Philosophie, weil die Welt schön ist (positiv), und im christlichen Denken, weil es ihnen verboten ist (negativ). Was verboten ist, das macht uns scharf. Es geht Menschen immer um Wissen, und so sind Zeiten wie die der Aufklärung entstanden, in denen die Gebildeten meinten, alles wissen zu können – sie brauchten doch nur vernünftige Antworten auf vernünftig gestellte Fragen zu geben. Kant meinte sogar, nach der Physik erst eine Ethik aufbauen und dann mittels dieser eine Politik formulieren zu können, mit deren Hilfe das Glück des Menschen zu erreichen sein sollte. Ganz klar und ganz rational planbar, in einem aufgeklärten Sinn eben.

Doch erstens kommt es anders, zweitens als man denkt, und nach Newtons Licht der Aufklärung kam Hoffmanns Nacht der Romantik, und die dazugehörige Revolution konnte vorführen und erkennen lassen, wie unberechenbar der kreative Mensch ist, der auf der Suche nach sich und seinen Werten selbst permanent in Bewegung bleibt. Der Mensch zeigt sich durch seinen Willen und seine Tätigkeiten, die immer mehr und immer neue Tatsachen schaffen. Der Mensch ist in einem fort schöpferisch tätig. Er versetzt alles in Bewegung, Bewegung ist alles, es gibt nur Bewegung und Wandel – das Kennzeichen der unzerstörbaren Energie. Selbst die Beweger sind in Bewegung (die Gene zum Beispiel), und mit diesen romantischen Vorgaben können Menschen nur Lust auf Zukunft bekommen – wenn sie es schaffen, die Angst vor dem Offenen und ihren Schöpferqualitäten zu überwinden und den Schatz des Möglichen zu sehen, den die Welt ihnen als Zukunft liefert.

Wissenschaft als Geschichte

In der Romantik taucht die Einsicht auf, dass es nicht die Geschichte ist, die Menschen macht, sondern dass es die Menschen sind, die Geschichte machen, und sie machen sie mithilfe der Wissenschaft. Wie denn sonst? Angst vor der Zukunft haben in meinen Augen all diejenigen, welche die Geschichte der Wissenschaft nicht kennen oder nicht zur Kenntnis nehmen wollen. Angst vor der Zukunft haben all diejenigen, die an der Gegenwart verzweifeln, weil sie die aktuelle Situation nicht verstehen, und sie verstehen sie vor allem deshalb nicht, weil sie die Geschichte der Wissenschaft nicht kennen und das Gefühl haben, dass zum Beispiel die Energieversorgung, die Digitalisierung, die Gentechnik, die Motoren und die Handys vom Himmel gefallen oder vielleicht sogar aus der Hölle geschickt worden sind.

Unsere geisteswissenschaftlichen Akrobaten in den Feuilletons wissen nicht, dass Wissenschaft von Menschen gemacht wird (die sie dann auch im Gegensatz zu Fußball- oder Filmschauspielern gar nicht zur Kenntnis nehmen) – wie überhaupt Geschichte von Menschen gemacht wird –, und so blicken die Pädagogen, Sozialphilosophen und andere Menschheitsbeglücker ratlos auf das Wunder namens iPhone in ihrer Hand und beklagen die Macht der künstlichen Intelligenz, von der sie – unverbindlich warnend – annehmen, dass sie den Menschen überrennt. Ich mache mir da keine Sorgen, solange es keine künstliche Stupidität – »artificial stupidity« – gibt, denn »errare humanum est«, wie es immer noch stimmt, auch wenn man das in der Schule gelernt und vielleicht wieder vergessen hat. (Auch warte ich noch auf den IBM Watson, der Champagner bestellt, wenn er einen Wettbewerb – im Schach oder Go – gewonnen hat.)

Die Atombombe und die Zukunft des Menschen

Bevor die Futurologie der 1960er Jahre aufkam, diskutierte man in Deutschland *Die Atombombe und die Zukunft des Menschen*, so der Titel eines Buches von Karl Jaspers (1961). Damals meinte man auch, die Wissenschaft habe im 20. Jahrhundert ihre Unschuld verloren und die Sünde kennengelernt (J. Robert Oppenheimer). Jaspers bemängelte, dass die Naturwissenschaften nur Herrschaftswissen mit dem Verstand angesammelt hätten und nun die Vernunft einsetzen müssten, um mit dem ihr zugänglichen Bildungs- oder Orientierungswissen den dramatischen Möglichkeiten entgegentreten zu können. (Übrigens – heute meinen Ethiker, ihre Vernunft sei gefragt, wenn sie die Kunst praktizieren, es nicht gewesen zu sein. Ethiker sollten lieber ihren Verstand benutzen, um zu sagen, was den Menschen fehlt. Was müssen Menschen in Zukunft wissen und können? Darauf sollten Ethikräte antworten und nicht sagen, was sie gerne verbieten möchten – was mit dem Wissen sowieso nicht geht.)

Die böse Hinterseite

Ich möchte mit diesem Beispiel den Blick von der Geschichte abwenden und nach innen richten. Denn während Jaspers in der Bundesrepublik allgemein viel Applaus bekam, reagierte der Physiker Wolfgang Pauli völlig anders. Pauli habe ich als Vertreter einer Nachtseite der Naturwissenschaft beschrieben (Fischer 2004), der die dunklen Seiten des Forschens kannte und wie Mephisto wusste, dass man das Böse nicht vermeiden kann, selbst wenn man nur Gutes im Sinn hat. Pauli vertrat allgemein die Sicht, dass Rationalität alleine Schiffbruch erleidet – Stichworte: Atombombe, Umweltzerstörung, Cyberwar –, und wenn dies passiert, dann hilft die menschliche Vernunft als raffinierte Form der Rationalität nicht weiter. Die böse Hinterseite der Naturwissenschaften, die sich längst in vielen ungeplanten Folgen ihres Fortschreitens zeigt – Luftverschmutzung, Klimawandel, Plastikmüll, Artensterben –, kann nur durch Besinnung auf komplementäre Gegensatzpaare kontrolliert werden. Pauli meinte, das Denken durch das Fühlen (das Geheimnisvolle als Gefühl) zu meistern, die Vernunft durch den Instinkt zu bremsen – gemeint ist die Fähigkeit, sich so zu verhalten, dass bestimmte Ziele erreicht werden, ohne dieses Ergebnis voraussehen zu können (»Das Herz hat seine Gründe, die der Verstand nicht kennt«, schrieb Blaise Pascal im 17. Jahrhundert) – und den Logos durch den Eros abzufedern.

Pauli meinte 1958, dass die Gegenwart sprachlich auf eine Hälfte der Gegensatzpaare fixiert ist und die Menschen sich die nötige Ganzheit psychologisch auf diese Weise blockieren (Pauli 1958). Der Biologe Adolf Portmann hat ebenfalls in den 1950er Jahren in einem Aufsatz über »Biologisches zur ästhetischen Erziehung« in dieselbe Richtung gewiesen und gesagt, dass »die abendländische Welt längst aus dem Zustand eines relativ harmonischen Gleichgewichts der geistigen Funktionen herausgeworfen ist«, und daran erinnert, »daß das wirklich produktive Denken selbst in den exaktesten Forschungsgebieten der intuitiven, spontanen Schöpferarbeit und damit der ästhetischen Funktion bedarf; daß das Träumen und Wachträumen, wie jedes Erleben der Sinne, unschätzbare Möglichkeiten öffnet« (Portmann 1973, S. 203).

Die Ganzheit, von der Pauli sprach, nannte er auch »Einheitlichkeit«, und gelegentlich griff er auf das griechische Wort »Homousia« zurück, das er dann mit »Wesenseinheit« übersetzte. Sie besteht seiner Sicht nach zwischen der archetypischen und der physikalischen Form der Welt (»mundus archetypus« und »Physis«) und damit zwischen äußeren kausal-materiellen Vorgängen und inneren Ideenbildungen. An solch einer »Homo-usia« hielt Pauli fest, wobei er die damit erreichte Ganzheit oder Einheitlichkeit als komplementäres Gegenstück zu der Vielheit ansieht, die sich in dem statistischen Charakter der Naturgesetze zeigt. Und eine künftige Wissenschaft – das gilt heute wie damals – müsste das Wechselspiel Innen–Außen erkunden, denn »nichts ist drinnen, nichts ist draußen, denn was innen, das ist außen. So ergreifet ohne Säumnis heilig-öffentlich Geheimnis«, wie es bei Goethe in seinem Gedicht Epirrhema heißt. Die Vorstellung einer »verlorenen Ganzheit« mit ihrem Geheimnis ist nicht neu und vor allem im Westen und in der europäischen Kultur ein altes Thema. Sie ist zum Beispiel von Friedrich Nietzsche erwähnt worden, der in dem Zusammenhang auch den Blick auf Gott gelenkt hat, der seiner Ansicht nach keine Bleibe mehr in einer aufgeklärten Welt hat, in der es ausschließlich rational (im wissenschaftlichen Sinne) zugeht. Nietzsche hatte bereits im 19. Jahrhundert darauf hingewiesen, dass eine vollkommen logisch-analytisch erfasste und mathematisch verstandene Welt von jedem Gefühl entleert und damit wertlos wird. Sie entzieht sich dem Menschen und seiner Wahrnehmung. An einer solchen Welt haben wir so wenig (inneren) Anteil wie an einer Maschine, die rational konstruiert ist und strikt mechanisch nach Plan funktioniert, wobei heute damit eine Software oder ein Programm gemeint sind. Dabei fällt auf, wie dieses Maschinenwort ohne Zögern auf Menschen Anwendung findet, die dann genetisch programmiert sein sollen und keine Freiheit mehr haben. Es gibt aber kein genetisches Programm, auch wenn trotz aller Epigenetik überall davon die Rede ist. Paulis Blockade lässt permanent grüßen, was vielleicht dazu führt, dass wir nicht nur Maschinen, sondern auch Menschen fremd gegenüber stehen, vor allem, wenn beiden Intelligenz zugeschrieben wird und die androiden Apparate zugleich ein humanes Aussehen bekommen. Vielleicht ist es nur die irrationale Natur der Dinge, die für ihren Wert und dafür sorgt, dass sie nicht *gleich gültig* sind und damit uns nicht *gleichgültig* werden.

Homo Deus

Die moderne Wissenschaft baut nicht nur Roboter, sondern sie kann auch den Menschen umbauen. »Genome Editing« nennt man das Verfahren, das sogar schon zu Titelgeschichten in Magazinen Anlass gegeben hat. Dabei taucht natürlich die Frage auf, welchen Menschen man damit in Zukunft schaffen möchte, wobei man sich längst die Sprechweise angewöhnt hat, Gott spielen zu wollen. Es ist natürlich schwer, ein Gott zu sein, aber die erste und einfache Antwort lautet, einen oder den gesunden Menschen zu schaffen. Nun wird niemand bestreiten, dass Gesundheit zwar für jeden Einzelnen ein hohes Gut darstellt, dass aber möglicherweise ein Großteil der Kreativität in einer Gesellschaft verloren geht, wenn sich alle ihre Mitglieder in einem genetisch bereiteten Schlaraffenland mit wohlbeleibten Gesundheitsaposteln aufhalten und in der Langeweile ihrer selbstbestimmten Mittelmäßigkeit erstarren und jede Lebenslust aufgeben und für den Alltag keinerlei Mühe mehr aufwenden müssen.

Selbst wenn man bei dem Editing nur ein konkretes Gen anvisiert – etwa das für die Alzheimer-Demenz –, kann sich eine dunkle Seite zeigen, denn wer weiß schon, ob die genetische Information nicht in jungen Jahren benötigt wird, um Nervensysteme aufzubauen. Ich fürchte, das Leben wird ziemlich unerträglich, wenn alle schrecklich gesund und furchtbar fit sind, aber dieser Fall soll nicht weiter betrachtet werden. Hier soll es um die Frage gehen, was Menschen in den Sinn kommt und in Auftrag geben, wenn ihnen Genetiker das Umschreiben von Genen oder Genomen anbieten, und zwar in bezahlbarer Form mit allen Garantien. Was würde man sich in solch einem Fall wünschen? Etwas für mich selbst oder für die Gesamtheit der Menschen?

Das britische Wissenschaftsmagazin *New Scientist* hat einmal seine Leser gefragt, wie sie sich die Vervollkommnung dessen konkret und exemplarisch vorstellen, was von der Natur unvollkommen gelassen worden ist, wie es die frühen Alchemisten ausgedrückt haben, und viele haben geantwortet und dabei mit einfachen

Lebensformen begonnen: Einige Leser wünschten sich Ameisen, die den Rasen mähen können. Einige wollten Blumen, die schreien, wenn sie Wasser brauchen. Man hatte auch nichts gegen Pflanzen, die Fleisch produzieren. Und was die Tierwelt angeht, so erbaten sich die Befragten Schnecken, die Autowachs ausscheiden, oder Füchse, die sich nicht durch Geruch zu erkennen geben, oder Katzen, die nur im Garten des Nachbarn wildern, und manches mehr. Beim Menschen selbst hielten die antwortenden Leser Ohren für wichtig, die man schließen kann; man wollte eine wasserdichte Haut, um unter Wasser leben zu können; man wollte einen Magen, der Papier verdauen kann (um Zeitungen nach der Lektüre verspeisen zu können); und man wollte ein Gen, das die geistige Entwicklung in dem Augenblick anhält, in dem man meint, alles zu wissen. Männer wollten vor allem einen Stecker in ihrem Kopf haben, mit dem ihnen der Anschluss an den Laptop gelingt, und Frauen wollten einen Reißverschluss, um Geburten zu erleichtern, wobei die Kinder zusätzlich in einem Karton zur Welt kommen sollten, aus dem sie erst dann herauskönnen, wenn sie in der Lage sind, sich selbst ihre Schuhe zuzubinden.

Die zentrale Einsicht

Ein Problem bei solchen Wunschlisten besteht darin, dass jeder Einzelne von uns sehr wohl und sehr schnell weiß, was er an sich oder in seiner Umgebung verbessern möchte; aber die Frage nach einer Änderung der Gattung Mensch oder der gesamten Natur – also die Verbesserung von allen und allem – ist von einem ganz anderen Kaliber. Sie sollte auf keinen Fall – und jetzt wird es ernst – von denen beantwortet werden, die nicht verstanden haben, was der Philosoph Isaiah Berlin einmal so formuliert hat: »Die Ansicht, die richtige und objektiv gültige Lösung der Frage, wie der Mensch leben soll, lasse sich grundsätzlich entdecken, ist selbst grundsätzlich falsch« (Berlin 1981, S. 147). Und er fügte dieser alten Einsicht die persönliche Warnung hinzu, »ich glaube, es gibt nichts, was für das menschliche Leben destruktiver ist als ein fanatischer Glaube an das vollkommene Leben« (ebd.), und die Behauptung, man könne wie ein Gott den Weg dazu bereiten.

Was Berlin hier ausdrückt, kann man die Lektion der menschlichen Geschichte nennen, die spätestens bei den Philosophen der Renaissance nachzulesen ist. Wobei Berlin mit dem oben Zitierten Einsichten zusammenfasst, die sich in der Schrift *Il Principe*, »Der Fürst«, von Nicolo Machiavelli finden. Die Idee eines perfekten Menschen, den wir uns mit genetischen Eingriffen herstellen wollen, scheitert nämlich nicht erst aus technischen, sondern schon aus sehr elementaren Gründen, die sich in dem schlichten Satz finden lassen, der besagt, dass Menschen nicht für sich allein leben und nur in Gemeinschaft mit anderen Menschen existieren können. In solch einer Situation treten unweigerlich zwei unvereinbare Ziele auf, um deren Erreichung gestritten wird, seit es humane Gemeinschaften und ein Nachdenken über sie gibt. Da ist zum einen die Freiheit oder Gerechtigkeit, die sich für den Einzelnen erreichen lässt, und ihr gegenüber steht die Freizügigkeit oder das Wohlergehen, das für die Gesamtheit möglich wird. Wer hat nicht schon mehrfach in seinem Leben erfahren, wie sehr das Interesse eines Individuums vom Interesse einer Institution abweichen kann, wobei trotzdem beide aufeinander angewiesen sind und bleiben?

Es ist leicht einsehbar, dass es Menschen nicht gefallen kann, wenn ihnen erklärt wird, dass sie Ziele verfolgen, die nicht miteinander zu vereinbaren sind. Deshalb ist es auch kein Wunder, dass alle diejenigen Machiavelli mit Verachtung begegnen und seinen Namen verunglimpfen – die Bezeichnung »Machiavellismus« steht für eine skrupellose Machtpolitik, ohne dass Machiavelli das so geschrieben hat –, die von einer idealen oder perfekten Gesellschaft träumen und daneben auch noch glauben, dass diese sich mit echten Menschen aus Haut und Knochen verwirklichen lässt – wo auf Erden auch immer.

Von solchen Träumen sprach man viel während der großen Dekade der Futurologie, die bereits erwähnt wurde. In den 1960er Jahren wurden unentwegt Utopien entworfen, die eine neue und bessere Welt beschworen, wie dies zuvor schon Philosophen und andere Menschen zu allen Zeiten unternommen hatten – etwa von Platon über Thomas Morus, Martin Luther und Karl Marx bis hinein in die Epoche der Achtundsechziger, die unermüdlich den neuen Menschen ankündigten, den man gleich hinter der nächsten Ecke am Ende der Demonstration vermutete. Wer sich diese und andere Entwürfe genauer ansieht, wird bald bemerken, dass sich weder die revolutionären Schwärmer noch die professionellen Futurologen wirkliche Menschen aus Fleisch und Blut als Bewohner ihrer künftigen Gesellschaften vorstellten. In ihren Visionen kamen und kommen nur vollkommene – auch vollkommen reine oder vollkommen keimfreie – Wesen vor, die engelhaft dahinschweben und alle guten Merkmale des Menschen in sich vereinigen, während sie keine schlechten besitzen, also nichts Böses im Schilde führen oder beleidigt und neidisch sind. Solche visionären Wesen haben allerdings den großen Nachteil, dass sie ununterscheidbar sind. In den ach so beliebten Utopien ist nur von einer perfekten Gesellschaft die Rede, die offenbar von alleine funktioniert, und jeder in ihr als Individualist erkennbare und auftretende Mensch wird unmittelbar als Störfaktor betrachtet (und entsprechend rasch eliminiert).

Soweit mir bekannt ist, hat noch kein Utopist die Vielfalt der Menschen – also das, was die natürliche Evolution hervorbringt – als erstrebenswertes Ziel angesehen. Im Gegenteil! Die Vorstellung der erträumten Zukunft war umso perfekter, je ähnlicher sich die in ihr lebenden Wesen auch ihrer Schönheit und Klugheit nach waren. Mit diesem Hinweis kann nicht nur verstanden werden, warum die Träume der Achtundsechziger und anderer Weltverbesserer nicht mit den Träumen der Genetiker zusammenpassen. In der Wissenschaft kann man nur individuelle Menschen ins Visier nehmen. Es gibt keine Molekularbiologie der Gesellschaft, wie es eine Molekularbiologie der Zelle gibt. Die Gentechniker können also nichts von Marxisten oder anderen Utopisten lernen, wenn sie wissen wollen, wie das humane Erbgut zu verbessern ist. Aber sie können von der Alchemie lernen, wenn sie sich näher auf deren

Grundgedanken einlassen – der Umwandlung von etwas Wertlosem zu etwas Wertvollem –, was gleich unternommen werden soll. Mit dem Hinweis, dass die erträumte Zukunft umso perfekter schien, je ähnlicher sich die in ihr lebenden Menschen präsentierten, kann auch erkannt werden, weshalb jetzt auch die Falle des Widerspruchs zuschnappt: Denn diese gleichen Wesen waren nicht als Menschen, sondern als Engel konzipiert, und sie werden auch nie Menschen sein. Ein Mitgeschöpf erkennen Menschen nur als Menschen an, wenn es etwas Individuelles darstellt und seine Individualität wahrnehmbar ist und zu moralischen Handlungen anregt. Menschen müssen einzigartig erscheinen, um von Mitmenschen eine Seele zugewiesen zu bekommen – was natürlich bei Zwillingen auch noch gelingt, aber scheitert, wenn Klone massenhaft produziert werden und als uniformierte Horden durch die Straßen laufen. Genau diese urmenschliche Einzigartigkeit und Unwiederholbarkeit wird ja durch die Unberechenbarkeit und Unvorhersagbarkeit der menschlichen Fortpflanzung garantiert, und der Dr. Wagner im Faust will gerade diese genetische Zufälligkeit abschaffen. Was lieben wir denn mehr? Einen aalglatten Menschen mit perfekten Manieren und permanentem Lächeln? Oder die unverwechselbaren Exemplare unserer Gattung mit all ihren Ecken und Kanten und wechselnden Launen? Wer möchte denn wirklich in einer homogenen Population von Engeln leben, auch wenn die sich genetisch herstellen lassen und vielleicht sogar anfangen, eine perfekte Gesellschaft aufzubauen, in der alles wie geschmiert läuft und niemand mehr etwas will – außer Halleluja singen?

Heute träumt natürlich keine denkende Elite mehr von einer idealen Gesellschaft, wie dies noch in den 1960er Jahren Mode war. Dafür verfügen die modernen Mittelklassepaare dank genetischer Fortschritte über Wahlmöglichkeiten, maßgeschneiderte Kinder in die Welt zu setzen. Ich befürchte allerdings – wie erläutert –, dass denen dabei letztlich jede Unverwechselbarkeit und damit die Seele verloren geht. Die Freiheit, die Gene auszuwählen und einzufügen, die man seinen Kindern vermachen möchte, entkommt nicht dem Widerspruch zwischen der naturalistischen

Sichtweise der Menschen mit ihrem dazugehörigen Wohlergehen, wie sie Aristoteles in der Antike empfohlen und vertreten hat, und der idealistischen Betrachtung einzelner Menschen und der dazugehörenden Sittlichkeit, was Platon favorisiert hat.

Wie gesagt – die Ansicht, es lasse sich grundsätzlich eine richtige und objektiv gültige Antwort auf die Frage, wie der Mensch sein soll, entdecken, ist selbst grundsätzlich falsch. Der Mensch kann nur in Gemeinschaft mit anderen Menschen leben, und weder er noch sie können vollkommen – und somit am Ende – sein. Den perfekten Menschen in einer perfekten Gesellschaft kann es nicht geben. Erst wenn wir aufhören, danach zu suchen und davon zu reden, sind wir so frei, wie wir uns wähnen, wenn wir zwischen Genvarianten zu entscheiden versuchen, wie das vollkommene Baby aussehen soll. Noch steht die Tür für diesen Weg offen. Wir brauchen nur Nein zu sagen zu dem Streben nach Vollkommenheit. Das sollte allein deshalb leichtfallen, wenn man sich klarmacht, dass nur Menschen in der Lage sind, Nein zu sagen. Es gibt ganz sicher das große Ja zum eigenen Leben. Dazu gehört das große Nein zum Eingreifen in das Leben der Anderen, die zu meiner Gemeinschaft gehören.

Gestatten Sie noch eine Bemerkung zur Alchemie. Sie zielte bei ihrem transformierenden Tun nicht darauf ab, etwas neu zu schaffen, was oft übersehen wird. Sie war vielmehr damit beschäftigt, etwas freizusetzen, das in den verfügbaren Stoffen und Formen bereits vorgegeben war. Die Alchemisten folgten der Natur, um sie zu vollenden und dadurch zu befreien. (Wer hierin den Grundgedanken der Pädagogik entdeckt, die in Kindern wachrufen will, was in ihnen von Natur aus schläft, könnte recht haben.)

Die moderne Form der Naturwissenschaft geht anders als die Alchemie vor. Ihr Wahlspruch lautet: »Wissen ist Macht«, was genau genommen bedeutet, dass man die Gesetze der Natur mit dem Ziel ihrer Unterwerfung ergründen soll. Seit ihren Anfängen versucht die westliche Wissenschaft, die Natur zu verstehen, um sie zu beherrschen. Und genau an dieser Stelle steckt auch der Unterschied zwischen der Alchemie aus alter Zeit und der Biotechnologie aus unseren Tagen, die den Wandel durch genetische Eingriffe anstrebt. Denn während die Alchemie das Innere befreien wollte, bemühen sich die Lebenswissenschaften etwa in Form der Biotechnologie, das Innere (genetisch verstanden) zu beherrschen. Für den Alchemisten befindet sich im Inneren des Menschen ein Geist, der darauf wartet, entschlackt und perfekt zu werden (mit vorgegebenem Ziel von innen). Für den Biotechnologen befindet sich im Inneren des Menschen ein Genom, das darauf wartet, verbessert zu werden (mit vorgegebenem Ziel von außen). Lässt sich sagen, welche die den Menschen angemessenere Art ist? Hierauf eine Antwort zu geben gelingt am besten, wenn wir voraussetzen, dass Menschen primär ästhetische Wesen sind. Wir wissen zunächst, was schön ist, bevor wir anschließend lernen, was gut ist. Mit anderen Worten, Menschen streben nach Schönheit, und das heißt – frei nach Schiller – nach Vollkommenheit in Freiheit. Damit zeigt sich ein Problem der Biotechnologie, das die Alchemie nicht kannte. Denn mit genetischen Manipulationen wird Vollkommenheit in Unfreiheit geschaffen. Existierende Organismen sollen verbessert und auf einen Nutzen hin perfektioniert werden, und zwar durch Vorgaben von außen. Bei solchen Vorgängen wird nichts befreit, aber alles bestimmt, und zwar von außen. Der perfekte Mensch kann nicht mehr selbst entscheiden, was er will. Er ist somit vollkommen unfrei – und was immer er erreicht, er kann sich nicht darüber freuen und wird deshalb finden, dass sich sein Leben nicht lohnt. Dabei wissen wir doch, dass das Gegenteil der Fall ist, dass das Leben lebenswert ist, wie man sagt. Und wir wissen das, gerade weil wir eine Lebenswissenschaft haben, die mehr kann als jede Alchemie.

Gestatten Sie eine Bemerkung über das Ende des Menschen. Der israelische Historiker Yuval Harari hat 2011 (dt. 2013) *Eine kurze Geschichte des Menschen* vorgelegt, die auf Englisch kürzer »Sapiens« heißt. Harari fängt beim Urknall an, er stellt einige Revolutionen vor – eine kognitive, eine landwirtschaftliche und eine wissenschaftliche –, und er macht sich im letzten Kapitel Gedanken über »Das Ende des *Homo sapiens*«, das ihm unter anderem dank der Pläne von Genetikern, den Neandertaler wieder aufstehen zu lassen, unausweichlich erscheint. Außerdem denkt er auch an das Vorhaben der Neurologen und Kognitionsforscher, mehrere Gehirne miteinander zu vernetzen. Wenn dies gelingt, entsteht ein Wesen mit einem kollektiven Gedächtnis, dem sich plötzlich die Möglichkeit bietet, die Erinnerungen von anderen Menschen zu teilen. Wenn ich mein Erinnern bin, wie die Philosophie weiß, dann bin ich jetzt ein Anderer. Ich bin dann vermutlich ein anderer Mensch, und dann sind alle vernetzten Menschen andere Menschen, und vielleicht kommt auf diese Weise das Ende des Menschseins herbei. Natürlich kann niemand sagen, was dabei genau passiert und was aus den Kollektivwesen entstehen kann, aber klar ist, dass aus den Menschen, die einmal Tiere waren, so etwas wie Götter geworden sind, die das Leben bestimmen und neu entwerfen. Sie haben dabei mindestens ein Problem. Sie wissen nicht, was und wohin sie wollen. Sie haben immer noch keine Theorie des Lebens, wie ganz zu Beginn angemerkt wurde. Und so wendet sich Harari am Ende seines Buches an seine Leser mit einer Frage, die ich an Sie weitergebe:»Gibt es etwas Gefährlicheres als unzufriedene Götter, die nicht wissen, was sie wollen?« (2013, S. 508)

Ich will Sie aber nicht mit dieser Frage entlassen und füge ganz zuletzt eine Coda hinzu, die den Blick eines Künstlers vorstellt. Er findet sich in Erich Kästners Gedicht »Der synthetische Mensch«, das viele Jahrzehnte auf dem Buckel hat, ohne alt geworden zu sein (Kästner 1981, S. 166f.). An den Zeilen fasziniert nicht nur der zynisch-ironisierte Glaube an ein deterministisches Wesen des Menschen – egal ob Gene oder Umwelt –, an den Versen bekommt man auf poetische Weise die hübsche Wahrheit formuliert, die jeder kennt, ohne sie auszusprechen, dass nämlich für die Erziehung eines Menschen früher ein ganzer Stamm zuständig war und heute eine ganze Gesellschaft notwendig ist. So wird es auch bleiben, auch wenn sich die Wissenschaft noch so bemüht:

Der synthetische Mensch

Professor Bumke hat neulich Menschen erfunden,
die kosten zwar, laut Katalog, ziemlich viel Geld,
doch ihre Herstellung dauert nur sieben Stunden,
und außerdem kommen sie fix und fertig zur Welt!

Man darf dergleichen Vorteile nicht unterschätzen.
Professor Bumke hat mir das alles erklärt.
Und ich merkte schon nach den ersten Worten und Sätzen:
Die Bumkeschen Menschen sind das, was sie kosten, auch wert.

Sie werden mit Bärten oder mit Busen geboren,
mit allen Zubehörteilen, je nach Geschlecht.
Durch Kindheit und Jugend würde nur Zeit verloren,
meinte Professor Bumke. Und da hat er ja recht.

Er sagte, wer einen Sohn, der Rechtsanwalt sei,
etwa benötige, brauche ihn nur zu bestellen.
Man liefre ihn, frei ab Fabrik, in des Vaters Kanzlei,
promoviert und vertraut mit den schwersten juristischen Fällen.

Man brauche nun nicht mehr zwanzig Jahre zu warten,
daß das Produkt einer unausgeschlafenen Nacht
auf dem Umweg über Wiege und Kindergarten
das Abitur und die übrigen Prüfungen macht.

Es sei ja auch denkbar, das Kind werde dumm oder krank.
Und sei für die Welt und die Eltern nicht recht zu verwenden.
Oder es sei musikalisch! Das gäbe nur Zank,
falls die Eltern nichts von Musik verständen.

Nicht wahr, wer könne denn wirklich wissen, was später
aus einem anfangs reizenden Kinde wird?
Bumke sagte, er liefre auch Töchter und Väter.
Und sein Verfahren habe sich selten geirrt.

Nächstens vergrößere er seine Menschenfabrik.
Schon heute liefere er zweihundertneunzehn Sorten.
Mißlungene Aufträge nähm er natürlich zurück.
Die müßten dann nochmals durch die verschiedenen Retorten.

Ich sagte: Da sei noch ein Bruch in den Fertigartikeln,
in jenen Menschen aus Bumkes Geburtsinstitute.
Sie seien konstant und würden sich niemals entwickeln.
Da gab er zur Antwort:»Das ist ja grade das Gute!«

Ob ich tatsächlich vom Sichentwickeln was halte?
Professor Bumke sprach's in gestrengem Ton.
Auf seiner Stirn entstand eine tiefe Falte.
Und dann bestellte ich mir einen vierzigjährigen Sohn.

Die Nachtseite der Wissenschaft

Kästners Vision kommt näher, weil der von Nietzsche verkündete
und von Pauli akzeptierte Tod Gottes im Abendland eine Wissenschaft hat entstehen lassen, die im seelischen Haushalt des geistigen
Menschen eine Leere hinterlassen hat, die früher von religiösen
Traditionen erfüllt wurde. Was verloren gegangen ist, nennt Pauli
das Dasein»*vor dem Sündenfall,* im Unschuldsstadium, in halb po-
etisch ausgedrückter Einheit mit der Natur« (Pauli 1992, S. 47).
Diese Einheit mit der Natur, in der die Menschen noch keine Sub-
jekte sind, die einer objektiven Welt gegenübertreten, um sie zu
beherrschen, hat es natürlich auch in der europäischen Geistesgeschichte gegeben. Die Zeit, in der dies der Fall war, wird im romantischen Denken oft als»Nachtseite« bezeichnet, und zwar konkret zum Beispiel durch den Philosophen Gotthilf Heinrich
Schubert, der 1808 Vorlesungen hält, in denen er seine»Ansichten
von der Nachtseite der Naturwissenschaft« vorstellt. Natürlich wecken Einheitsbestrebungen und Ganzheitsbemühungen immer die
Erinnerung an die Romantik, und ebenso natürlich wird dieser

Blick als »rückwärtsgewandt« verschrien. Aber bekanntlich soll man ein Kind nicht mit dem Bade ausschütten, und wer den romantischen Ansatz einer Naturwissenschaft verteufelt, übersieht möglicherweise einen Aspekt, der uns helfen kann und der zu spät auftaucht, wenn er erst wieder neu entdeckt werden muss.

Die Romantiker waren zum Beispiel mit dem Gedanken vertraut, dass die Wissenschaft nicht nur eine geschaffene Welt *(natura naturata)* erklärt, sondern dass diese darüber hinaus auch als schaffendes Prinzip *(natura naturans)* in Erscheinung tritt. Die Physiker haben sich dies zwar mittlerweile mühsam im Rahmen der Quantenmechanik bewusst gemacht, aber die Molekularbiologen haben nicht einmal eine schwache Vorstellung von dieser doppelten Rolle, die sich sehr wohl in einer Gegenwirkung (der berühmten »Rache der Natur«) auswirken kann – zu unserem Schaden und Verdruss. Zum Beispiel jetzt, da sie anfangen, »Genome Editing« zu betreiben, obwohl das Genom nach seiner Offenlegung dunkler daliegt als vorher.

Mit dem Anzünden der Lampe, die wir als westliche Wissenschaft kennen, verlassen die modernen Menschen nicht nur die romantisch klingende Nachtseite, sie treten auch aus dem »Unschuldsstadium« heraus, von dem oben bereits die Rede war. Diesen Schritt gilt es bewusst anzugehen und entsprechend ernst zu nehmen. Tatsächlich können wir ohne Wissenschaft weder geistig noch materiell überleben, und natürlich »ist es die Wissenschaft (und nicht die Religion), die mich geistig ans Abendland fesselt«, wie Pauli stets bekundet hat, und so stellte er sich 1954 der Herausforderung, einen Vortrag über »Die Wissenschaft und das abendländische Denken« zu halten, um den ihn das Mainzer Institut für Europäische Geschichte gebeten hatte.

Das Thema lockte Pauli auch deshalb, weil es die Möglichkeit gab, die Verbindung zwischen der Religion – und ihrer Heilserkenntnis – und der Wissenschaft – und ihrer Naturerkenntnis – im Überblick darzustellen. Das fertiggestellte Manuskript nannte er sein »*Mainzer Testament*« (Pauli 1984), und es gehört zu den wenigen philosophischen Texten, die er im Laufe seines Lebens veröffentlicht hat. Interessierte Leserinnen und Leser sollten allerdings wissen, dass Pauli nicht sehr ausholend und episch formuliert, sondern seine Gedanken dicht packt und äußerst knapp formuliert, was ihn beschäftigt.

Pauli betont zunächst, was die Naturwissenschaften (und die Mathematik) von anderen geistigen Aktivitäten des Menschen unterscheidet, nämlich ihre Lehrbarkeit und ihre Überprüfbarkeit. Mit der Lehrbarkeit – so banal sie klingen mag – wurde nicht nur eine fortschreitende Tradierung des erreichten Wissens und eine Weiterführung der verrichteten geistigen Arbeit erreicht, sondern auch so etwas wie das Gegenteil. Wenn sich nämlich ein neuer Gedanke – Pauli spricht von einem »schöpferischen irrationalen Element« (1984, S. 103) – einstellt, bekämpften bald und gerne die Lehrer der neuen Weltsicht die Leistungen der früheren Generation. Auf diese kritische Weise kommt eine durchgängige Unstetigkeit in die Entwicklung der westlichen Kultur, die in der Folge durch viele Personen und Denkstile gekennzeichnet ist.

Umbrüche und Kontinuität

Dieser Kultur der Umbrüche steht – im Einklang mit dem Gedanken der Komplementarität – die Kontinuität des östlichen Denkens gegenüber. Dabei treten auch die ihre jeweilige Zeit repräsentierenden Persönlichkeiten in den Hintergrund, die doch im westlichen Diskurs genau umgekehrt behandelt und auf die Bühne des öffentlichen Diskurses gezerrt und hier mit großer Geste widerlegt werden: So wird zum Beispiel Alexander Gottlieb Baumgarten (1750) von Immanuel Kant (1780) kritisiert, der wiederum von Georg Wilhelm Friedrich Hegel (1810) abgewiesen wird, den Schopenhauer nicht leiden kann – und so weiter bis auf den heutigen Tag. Nach wie vor verschwindet bei uns das Sachliche allzu oft hinter dem Persönlichen – mit einer dramatischen Folge: Während im Westen das historische Ich heraustritt und das Individuum zum höchsten Wert bei ethischen Fragen wird, stellt das östliche Denken Prozesse und Zusammenhänge in den Vordergrund, die über die beteiligten Personen hinausweisen und deren Bedeutung und Bewertung in den Hintergrund treten lässt.

Pauli betont nun weiter, dass die Wissenschaft, die charakteristische Spezialität der europäischen Kultur, sich durch eine besondere Hinwendung zur äußeren Welt auszeichnet. Die Empirie feiert Triumphe, während die komplementär mögliche Abkehr vom sinnlich wahrnehmbaren Teil der Wirklichkeit, die gewöhnlich als Mystik bezeichnet wird, im Westen wenig Aufmerksamkeit auf sich lenkt. Trotzdem ist diese Art der geistigen Tätigkeit bei uns ebenso zu finden wie im Osten. Die Mystik stellt nun – wie die Wissenschaft selbst – ein keineswegs einfach zu definierendes Tätigkeitsfeld dar. Doch kann wohl allgemein gesagt werden, dass im Rahmen dieser geistigen Grundeinstellung vielfach versucht wird, die Kluft zu überbrücken, die zwischen Mensch und Gott besteht (»unio mystica«). Der gemeinte eine Gott ist dabei nicht notwendig von persönlicher Natur mit Einfluss auf das individuelle alltägliche Dasein. Ein Mystiker strebt eher danach, sich von der Welt zu lösen – etwa in Form von Ekstasen –, und dies kann mit einem Verlust (einem Aufgeben) der eigenen Individualität verbunden sein.

Das Schicksal des Abendlandes

In der abendländischen Sicht kann man bei diesem schwierigen Vorgang – wie auch Pauli es tut – von der »Auslöschung des Ichbewusstseins« sprechen, und genau dieses Geschehen ist für einen in der europäischen Tradition verwurzelten Menschen eigentlich mehr oder weniger ausgeschlossen. Trotzdem: Es hat mystische Bestrebungen in der abendländischen Geistesgeschichte gegeben. Es ist eine geschichtliche Tatsache, dass in Europa »auf Perioden nüchterner kritischer Forschung« oft andere gefolgt sind, bei denen »eine Einordnung der Wissenschaft in eine umfassendere, mystische Elemente enthaltende Geistigkeit erstrebt und versucht wird« (Pauli

1984, S. 100). Dies versucht Pauli in seinem Vortrag zu verstehen, und er zieht aus seiner historischen Beobachtung einen Schluss, der wie ein Bekenntnis klingt und mit dem ich schließen möchte:

»Ich glaube, daß es das Schicksal des Abendlandes ist, diese beiden Grundhaltungen, die kritisch rationale, verstehen wollende auf der einen Seite und die mystisch irrationale, das erlösende Einheitserlebnis suchende auf der anderen Seite immer wieder in Verbindung miteinander zu bringen. In der Seele des Menschen werden immer beide Haltungen wohnen, und die eine wird stets die andere als Keim ihres Gegenteils schon in sich tragen. Dadurch entsteht eine Art dialektischer Prozeß, von dem wir nicht wissen, wohin er führt. Ich glaube, als Abendländer müssen wir uns diesem Prozeß anvertrauen und das Gegensatzpaar als komplementär anerkennen. [...] Indem wir die Spannung der Gegensätze bestehen lassen, müssen wir auch anerkennen, dass wir auf jedem Erkenntnis- oder Erlösungsweg von Faktoren abhängen, die außerhalb unserer Kontrolle sind und die die religiöse Sprache stets als Gnade bezeichnet hat« (ebd., S. 103).

Die Idee der Komplementarität und sein Vertrauen in die damit innerlich verlangte Symmetrie versetzen Pauli bereits 1954 in die Lage, das zu erkennen, was heute von mehr Menschen verstanden und akzeptiert werden kann. Es geht darum, dass »die rationalistische Einstellung ihren Höhepunkt überschritten [hat] und als zu eng empfunden wird« (ebd., S. 106). Schließlich hat die rationale Wissenschaft zu »einer nicht direkt sinnlich wahrnehmbaren, durch mathematische oder andere Symbole aber erfassbaren Wirklichkeit, wie z. B. das Atom oder das Unbewusste« (ebd., S. 107) geführt. Dabei ist ein Problem aufgetaucht, das eingangs bereits angesprochen worden ist. Die sichtbaren Wirkungen dieser abstrakten Wirklichkeiten haben sich nämlich keineswegs notwendig als gut herausgestellt, sondern vielmehr das Gegenteil gezeitigt – etwa bei den atomaren Explosionen. Die in diesem Zusammenhang beobachtete modische »Flucht aus dem Rationalen« hat Pauli zwar als »verständlich« bezeichnet, er beharrt jedoch darauf, dass als einzige akzeptable Zielsetzung »eine sowohl das rationale Verstehen wie das mystische Einheitserlebnis umfassende Synthese« (ebd., S. 103) infrage kommt. Dabei kann das Wissen entstehen, das die Zukunft braucht.

Literatur

Berlin, I. (1981): Wider das Geläufige. eva, Frankfurt am Main.
Fischer, E. P. (2004): Die aufschimmernde Nachtseite. Libelle Verlag, Lengwil (CH).
Fischer, E. P. (2014): Die Verzauberung der Welt: Eine andere Geschichte der Naturwissenschaften. Pantheon, München.
Goethe, J. W. (2003): Faust. Eine Tragödie. Erster und zweiter Teil. 6. Aufl. dtv, München.
Harari, Y. (2013): Eine kurze Geschichte der Menschheit. DVA, München.
Jaspers, K. (1961): Die Atombombe und die Zukunft des Menschen. Piper, München.
Kästner, E. (1981): Gedichte. Auswahl und Nachwort von P. Rühmkopf. Suhrkamp, Frankfurt am Main.
Machiavelli, N. (2009): Der Fürst. Nikol, Hamburg.
Pascal, B. (2012): Das Herz hat seine Gründe, die der Verstand nicht kennt. Marix, Wiesbaden.
Pauli, W. (1984): Physik und Erkenntnistheorie. Vieweg, Braunschweig; hier: »Die Wissenschaft und das abendländische Denken«, S. 102–113.
Pauli, W., und C. G. Jung (1991): Briefwechsel 1932–1958. Springer, Heidelberg.
Portmann, A. (1973): Vom Lebendigen. Suhrkamp, Frankfurt am Main, hier: Biologisches zur ästhetischen Erziehung, S. 189–221.
Schrödinger, E. (1944/2011): Was ist Leben? – Die lebende Zelle mit den Augen des Physikers betrachtet. 11. Aufl. Piper, München.
Schubert, G. H. (1808): Ansichten von der Nachtseite der Naturwissenschaften. Arnold, Dresden.
Zeit-Online (o. A.) (1969): Das 198. Jahrzehnt – Eine Team-Prognose für 1970 bis 1980. In: Die Zeit, Nr. 42/69. Zeit-Online: https://www.zeit.de/1969/42/das-198-jahrzehnt-eine-team-prognose-fuer-1970-bis-1980 [Zugriff: 19.6.2019].

Rainer Funk

Liebe zum Leben – trotz allem!

Zur Aktualität der Biophilie nach Erich Fromm

»Lust auf Zukunft« – das klingt wie eine Botschaft aus der Hier-und-jetzt-Kultur, in der man im Augenblick und »ganz spontan« mal Lust auf etwas hat. Doch die Formulierung ist gerade nicht in dieser Weise gemeint; vielmehr lädt sie zum Nachdenken und vor allem zum Nachfühlen ein: Kann ich selbst für mein Leben bei all den persönlichen Belastungen wirklich so etwas wie eine Lust auf Zukunft spüren? Noch fraglicher wird einem die Lust auf Zukunft angesichts von klimatischen, politischen oder sozialen Katastrophenmeldungen: Lust auf noch heftigere Stürme und Wassermassen? Lust auf noch verrücktere Politiker? Lust auf noch mehr soziale Spannungen, auf noch mehr Nationalismus und neoliberale Rücksichtslosigkeit?

Die Frage der Lust auf Zukunft ist zum Einen eine ganz persönliche Frage, der sich jeder selbst stellen muss angesichts der individuellen und gesellschaftlichen »Lustkiller«. Zum Anderen aber ist sie eine Überlebensfrage der Menschheit, die von einer Mehrheit der Menschen gewollt, gespürt und gelebt werden muss, wenn das Leben der Menschheit eine Zukunft haben soll. Beim Menschen wird dieses Wollen nicht nur vom Fortpflanzungstrieb her definiert, sondern von zahlreichen anderen persönlichen, sozialen und kulturellen Faktoren, die seine inneren Antriebskräfte bestimmen. Vor allem aber artikuliert sich die Lust oder Unlust auf Zukunft auch jenseits des körperlichen Wollens und Könnens in einem emotionalen und geistigen Wollen bzw. in einer entsprechenden Impotenz, Hemmung oder Destruktivität und Selbstdestruktivität.

I. Zur psychologischen Dimension der »Lust auf Zukunft«

In meinem Beitrag möchte ich zunächst die grundlegende Frage der konstruktiven oder destruktiven Qualität menschlicher Antriebskräfte in psychodynamischer Perspektive erörtern. Die Frage selbst ist allerdings so alt wie die Menschheit. Sie spiegelt sich in zentralen theologischen und philosophischen Fragen wider, wie etwa in der Frage, wie die Sünde in die Welt kam und prompt zum Brudermord führte, oder in der philosophischen Unterscheidung zwischen dem Übel und dem Bösen (als zwei Arten des *malum*). Dabei wird das Übel – wie etwa die Endlichkeit und Sterblichkeit alles Lebendigen – als etwas definiert, das man ertragen muss und das grundsätzlich nicht überwunden werden kann. Das *Böse* hingegen resultiert aus der Gestaltungsfähigkeit des Menschen und kann prinzipiell auch überwunden werden.

Bei einer psychodynamischen Betrachtungsweise hat vor allem die Lebens- und Todestriebtheorie Sigmund Freuds provoziert, weil sie von einer biologischen Gleichursprünglichkeit der Triebe ausgeht. Diese mengt der Lust auf Zukunft etwas Tragisches bei, ja macht sie schließlich zum Verlierer.

Ich möchte hier die Frage der Lust auf Zukunft mithilfe von Erkenntnissen des Psychoanalytikers Erich Fromm (1900–1980) erörtern, der sich sehr intensiv mit dem psychischen Überleben des Menschen beschäftigt und zugleich eine eigene Theorie der psychischen Antriebskräfte des Menschen entwickelt hat. Fromms Triebtheorie sieht die psychischen Strukturbildungen (und damit das, was eine Lust auf Zukunft tiefenpsychologisch erst möglich macht) in einer größeren Abhängigkeit von den wirtschaftlichen, gesellschaftlichen und kulturellen Erfordernissen einer bestimmten Zeit; und Fromm erklärt – wie noch zu zeigen sein wird – die spezifisch menschlichen Formen des Destruktiven als Hemmung oder Vereitelung der primären Potenz des Menschen zu psychischem Wachstum. Die Lust auf Zukunft wohnt allem Lebendigen inne, kann beim Menschen aber durch persönliche und/oder gesellschaftliche Umstände gehemmt oder gar vereitelt werden. Der Todestrieb ist deshalb nach Fromm erst das Ergebnis eines vereitelten Lebenstriebes.

Zweifellos kann die Frage der psychologischen Begründung einer Lust auf Zukunft heute nicht mehr nur im Elfenbeinturm der herkömmlichen Psychoanalyse erörtert werden. Vor allem die sogenannten »Lebenswissenschaften« – die Evolutionsbiologie, die Soziobiologie, die Neurobiologie, die Genforschung usw. –, aber auch zum Beispiel die Archäologie oder die vergleichende Verhaltensforschung, haben Erkenntnisse über den Menschen beigesteuert, die für die Frage relevant sind, ob es eine angeborene Lust auf Zukunft als Grundstrebung alles Lebendigen gibt.

Beginnen möchte ich mit einer Skizze von Fromms Revision der Freud'schen Triebtheorie.

2. Erich Fromms Theorie der psychischen Antriebskräfte

a) Das Bedürfnis nach Bezogenheit als psychische Antriebskraft
In Abgrenzung von Freuds Libidotheorie entwickelte Fromm bereits Mitte der 1930er Jahre eine eigene Triebtheorie, die – ähnlich wie dies der amerikanische Psychiater und Psychoanalytiker Harry Stack Sullivan getan hat – die psychischen Antriebe des Menschen aus dessen Notwendigkeit erklärt, bezogen sein zu müssen. Nach Fromm ist das Kernproblem des Menschen darin zu sehen, dass der Mensch mangels genetisch-instinktiver Steuerung eigene, spezifisch menschliche Bindungsstrukturen auf die Wirklichkeit, auf andere Menschen und auf sich selbst aufbauen muss, über die er sich bezogen erleben kann. Dass der Mensch sich unbedingt bezogen erleben *muss*, wird bereits durch die Tatsache erhellt, dass sich die schwersten psychischen Erkrankungen – die Psychosen – durch eine verzerrte Bezogenheit auf die Wirklichkeit, auf andere Menschen und auf sich selbst auszeichnen.

Gemäß Fromm steuert nicht die intrinsische Dynamik eines Sexualtriebs oder – wie Freud ab 1920 erklärte – der Widerstreit eines Lebens- und eines Todestriebes das Seelenleben des Menschen, sondern ein existenzielles Bedürfnis nach Bezogenheit. Diese andere Sicht begründete der promovierte Soziologe und Psychoanalytiker Fromm Mitte der 1930er Jahre vor allem mit den kulturanthropologischen Forschungen von Margaret Mead und Ruth Benedict, die Freuds Befunde zur Triebtheorie und zur Bedeutung des Ödipuskomplexes widerlegten (Fromm 1992e [1937]). Menschen in anderen Kulturen zeigen je nach den Erfordernissen des Wirtschaftens und des Zusammenlebens *andere* Bezogenheitsmuster des Selbsterlebens und des sozialen Miteinanders, und eben nicht jene, die man nach Freuds psychosexueller Phasentheorie erwarten müsste.

Der entscheidende Punkt bei Fromms Revision der Freud'schen Triebtheorie ist darin zu sehen, dass Fromm im Bindungsbedürfnis des Menschen die Quelle für die psychischen Antriebskräfte sieht (Fromm 1955a, GA IV, S. 20–50). Dieses Bindungsbedürfnis, und nicht der Sexualtrieb oder ein Aggressionstrieb, zwingt den Menschen, eigene psychische Strukturen zu bilden, die ihm dann wiederum als Antriebskräfte zur Befriedigung dieses Bedürfnisses nach Bezogenheit zur Verfügung stehen.

Hinsichtlich der Befriedigung seiner Bindungsbedürfnisse ist der Mensch aufgrund seiner reduzierten Instinkte ein Mängelwesen; doch kommt es gleichzeitig mit der neuronalen Entwicklung zu einer Differenziertheit und Plastizität des Gehirns, die zu völlig neuen Fähigkeiten führen, durch die er sich von seinen tierischen Vorfahren unterscheidet:

1. Nur der Mensch ist fähig, sich seiner selbst bewusst zu sein und sich und seine Lebensäußerungen zum Gegenstand des Interesses zu machen (weshalb er denken und auch unsinnige Entscheidungen fällen kann).

2. Nur der Mensch verfügt über die Fähigkeit, sich unabhängig von sinnlichen Wahrnehmungen und Reizen Wirklichkeit vorzustellen und auf vorgestellte Wirklichkeiten selbsttätig – das heißt aus eigenem Antrieb, aktiv und schöpferisch – zu reagieren.

Die Primaten haben zwar durchaus Intelligenz, ein relativ gut ausgestattetes Körperbewusstsein, verfügen über eine ziemlich differenzierte Affektausstattung, sind emotions- und leidensfähig und können bestens untereinander kommunizieren. Trotzdem können sie nicht sprechen. Sie bringen keine Gedichte zu Papier, bauen keine Flugzeuge und hören sich keine Konzerte an.

Seiner Besonderheit aufgrund der neuronalen Entwicklung wird der Mensch geistig, psychisch und körperlich nur dann gerecht, wenn er *eigene* Antriebskräfte entwickelt, mit denen er kognitiv, emotional und handelnd auf die Wirklichkeit, auf andere Menschen und auf sich selbst bezogen ist.

Und noch zwei weitere Besonderheiten der Fromm'schen Bedürfnis- oder Triebtheorie sind zu erwähnen: Fromms Triebtheorie unterscheidet sich von der Freud'schen auch hinsichtlich der Frage, woran sich die Befriedigungsmuster orientieren: an der dem Trieb inhärenten Triebdynamik und den phasenspezifischen Triebzielen, wie dies Freud annahm, oder an den faktisch erlebten Erfahrungen sowie an den Erfordernissen des Bezogenseins auf die soziale Umwelt, wie dies Sullivan und Fromm mit ihrer relationalen Triebtheorie annehmen.

Schließlich versucht Fromm, sich mit seiner Triebtheorie nicht nur von Freud, sondern auch von den heute gängigen relationalen und intersubjektiven Konzepten abzugrenzen, indem er mit dem Bindungsbedürfnis auch die Sozialität des Menschen begründet: Jeder Mensch muss nicht nur das psychische Bedürfnis befriedigen, auf die Wirklichkeit, auf einzelne andere Menschen und auf sich selbst bezogen zu sein, sondern auch jenes, auf eine soziale Gruppe bezogen zu sein, um sich ihr zugehörig zu erleben (Funk 2011a). Dieses Bedürfnis nach einem sozialen Identitätserleben muss auch bei fortgeschrittener Individualisierung befriedigt werden, parallel zu jenem nach einem individuellen Identitätserleben. Nimmt man dies ernst, dann erhält man zum Beispiel zu den gegenwärtigen rechtspopulistischen und fremdenfeindlich-nationalistischen Entwicklungen einen anderen psychologischen Zugang.

Der Vollständigkeit halber soll noch erwähnt werden, dass es gemäß Fromm auch ein Bedürfnis nach einem Rahmen der Orientierung und nach einem Objekt der Hingabe gibt – dass also kein Mensch ohne Orientierung an weltanschaulichen oder religiösen Sinnentwürfen leben kann und dass jeder Mensch Aufgaben, Ideen, Projekte braucht, die für ihn sinnvoll sind und denen er sich hingeben kann (Fromm 1955a, GA IV, S. 48–50).

Alle genannten Aspekte des menschlichen Bindungsbedürfnisses müssen von jedem Menschen je neu befriedigt werden, unabhängig von der Frage, auf welche Weise. Gleichwohl ist die Frage, *wie* sie befriedigt werden, von ganz entscheidender Bedeutung für das Selbsterleben und das Miteinander, wovon gleich noch die Rede sein wird.

Die psychischen Strukturbildungen haben die Aufgabe, die Art der Befriedigung der menschlichen Bindungswünsche zu präformieren und mit Energie auszustatten. Fromm hat sie deshalb mit dem psychodynamischen Konzept der Charakterbildung zu fassen versucht (Fromm 1947a, GA II, S. 39–44); in der Sprache der Neurowissenschaftler könnte man statt von psychischen Struktur- und Charakterbildungen von neuronalen Netzwerkbildungen sprechen, die fest mit den Emotionszentren verbunden sind. Die spezifische Orientierung des Charakters und einzelner Charakterzüge bestimmt die Art, wie wir auf die Wirklichkeit, auf andere Menschen, auf eine soziale Gruppe und auf uns selbst bezogen sind. So gesehen hat der Charakter beim Menschen die gleiche Funktion wie der Instinkt beim Tier.

Da die Charakterbildung jedoch nicht einer intrinsischen Triebdynamik folgt, sondern vor allem das Ergebnis komplizierter Internalisierungsprozesse von wiederholt gemachten Beziehungs*erfahrungen* und gesellschaftlich geforderten Beziehungs*erwartungen* ist, spielen bei der Charaktergenese jedes Menschen eben nicht nur ganz persönliche und nur für diesen einzelnen Menschen zutreffende Beziehungserfahrungen eine Rolle, sondern auch solche, die sich aus wirtschaftlichen, gesellschaftlichen und kulturellen Erfahrungen und Erfordernissen des Zusammenlebens ergeben und von vielen Menschen gemacht werden (Fromm 1962a, GA IX, S. 85–

95). Sie werden über die Eltern als »Agentur der Gesellschaft« vermittelt (Fromm 1932a, GA I, S. 42f.) und führen zu dem, was Fromm den Gesellschafts- oder Sozialcharakter nennt.

Dieser Gesellschaftscharakter veranlasst uns, das mit Lust erstreben zu *wollen*, was wir aus wirtschaftlichen und gesellschaftlichen Gründen tun *sollen*. Eine autoritär organisierte Gesellschaft, die zu ihrem eigenen Funktionieren Personen braucht, die mit Lust über Andere herrschen wollen oder die gerne gehorsam und unterwürfig sind, gibt es nur, wenn es in vielen Menschen zu einer autoritären Charakterbildung gekommen ist. Das Beispiel des autoritären Charakters macht zugleich deutlich, dass sich Sozialcharakterbildungen im Laufe eines Lebens auch ändern und von anderen Charakterorientierungen abgelöst werden können, was Menschen meines Alters, die in der Regel noch autoritär erzogen wurden, bestätigen werden.

Der Triebtheorie Fromms zufolge müssen die Bezogenheitsbedürfnisse immer befriedigt werden, doch kann dies auf sehr unterschiedliche Weise geschehen: liebend, fürsorglich, rivalisierend, entwertend, idealisierend, aggressiv, kontrollierend, empathisch, quälend, kooperativ usw. Alles geht, aber nicht alles geht gut.

Nach dieser relativ dichten Zusammenfassung der Triebtheorie Fromms drängt sich erneut die Frage auf: Wie begründet Fromm seine These, dass es bei der Befriedigung der Bedürfnisse nach Bezogenheit eine primäre Tendenz für eine konstruktive, kreative und liebende oder – wie Fromm sagt – für eine psychisch *produktive* Befriedigungsform gibt, die sich dann in habitualisierter Form als produktive Charakterorientierung (Fromm 1947a, GA II, S. 56–71; Funk 2003) manifestiert?

b) Biophilie und die primäre Tendenz zu psychischer Produktivität
Erste Hinweise auf eine angeborene Tendenz zu einer kreativen und produktiven Befriedigung der Bindungsbedürfnisse ergaben sich, als Fromm Anfang der 1930er Jahre die Erkenntnisse von Johann Jakob Bachofen in *Mutterrecht und Urreligion* (1954 [1861]) über matrizentrische Kulturen rezipierte (Fromm 1934a). Hier

ahnte er bereits, dass die Fähigkeit zu lieben eine ursprüngliche Fähigkeit des Menschen sein muss, die ihm als eine primäre Möglichkeit bereits in die Wiege gelegt ist, und nicht, wie Freud annahm, sich sekundär erst aufgrund eines Triebverzichts entwickelt, um einen primären Narzissmus in die Schranken zu weisen. Der Baseler Altertumsforscher Bachofen beschrieb Mitte des 19. Jahrhunderts erstmals detailliert, dass es neben den eher aggressiven, von Männern regierten Ethnien auch von Frauen und dem Prinzip der bedingungslosen mütterlichen Liebe geleitete Kulturen gab (wie etwa die mykenische), die den patrizentrischen oft zeitlich vorausgingen. Für Fromm revolutionierten die Erkenntnisse Bachofens zum Mutterrecht das Menschenbild und die Frage, welche Rolle Aggression und Liebesfähigkeit für das Gelingen des menschlichen Lebens und die Entwicklung der Menschheit spielen. Die mutterrechtlich organisierten Ethnien bewiesen: Das Zusammenleben lässt sich auch mit mütterlicher Liebe als oberstem Leitwert gestalten (Fromm 1970f; 1994b [1955]).

Auch Fromms Theorie, die menschliche Destruktivität als Ergebnis der *Vereitelung* einer primären Wachstumstendenz zu begreifen, bei der die Fähigkeit zur Kreativität in eine destruktive Dynamik umschlägt, ist bereits 1941 in seinem Buch *Die Furcht vor der Freiheit* ausformuliert – und dies, obwohl Fromm als Jugendlicher die ungeheure Macht der Zerstörung im Ersten Weltkrieg erschreckt zur Kenntnis genommen hatte und leidvoll miterleben musste, wie ein Großteil seiner Verwandtschaft später von den Nazis ermordet wurde.

»Das Leben«, so schreibt Fromm 1941,

»hat seine eigene Dynamik; es hat die Tendenz zu wachsen, sich Ausdruck zu verschaffen, sich zu leben. Wird diese Tendenz vereitelt, dann scheint die auf das Leben ausgerichtete Energie einen Zerfallsprozess durchzumachen und sich in Energie zu verwandeln, die auf Zerstörung ausgerichtet ist. Anders gesagt, der Lebenstrieb und der Destruktionstrieb sind nicht voneinander unabhängige Faktoren, sondern sie stehen in einem umgekehrten Abhängigkeitsverhältnis zueinander. Je mehr der Lebenstrieb vereitelt wird, umso stärker wird der Zerstörungstrieb; je mehr Leben verwirklicht wird, umso geringer ist die Kraft der Destruktivität. Destruktivität ist das Ergebnis ungelebten Lebens. Menschen und gesellschaftliche Bedingungen, die das Leben zu unterdrücken suchen, erzeugen ein leidenschaftliches Verlangen nach Zerstörung, das sozusagen das Reservoir bildet, aus dem sich die jeweiligen Tendenzen nähren, die sich entweder gegen andere oder gegen sich selbst richten« (Fromm, 1941a, GA I, S. 324f.).

Gut zwanzig Jahre später kam es zu einer wichtigen Neubegründung von Fromms Theorie der primären Fähigkeit des Menschen zu Kreativität und psychischer Produktivität. Ähnlich wie bei Albert Schweitzer, der sein Konzept der »Ehrfurcht vor dem Leben« im Jahr 1915 in einer Situation des Verzagtseins entwickelte (Funk 2013), kam auch Erich Fromm im Herbst 1962 der entscheidende Gedanke in einer Situation der Verzweiflung angesichts eines drohenden atomaren Dritten Weltkriegs am Höhepunkt der Kubakrise. Dokumentiert ist der Gedanke in einem Brief Fromms an die Publizistin Clara Urquhart vom 29. September 1962, der im Fromm-Archiv in Tübingen vorliegt. Darin schreibt Fromm:

»Kürzlich schrieb ich nachts eine Art Aufruf, in dem es um die Liebe zum Leben ging. Er entstand aus einer Stimmung der Verzweiflung, die mich spüren ließ, dass es kaum noch eine Chance gibt, einen atomaren Krieg zu vermeiden. Plötzlich kam mir und fühlte ich, dass die Menschen gegenüber der Kriegsgefahr deshalb so passiv sind, weil die Mehrheit einfach nicht das Leben liebt. Mir kam der Gedanke, dass ihre Liebe zum Leben anzusprechen (statt ihre Liebe zum Frieden oder ihre Angst vor dem Krieg) mehr Wirkung haben könnte.«

Kurze Zeit später, im Jahr 1964, veröffentlichte Fromm in seinem Buch *Die Seele des Menschen* das Konzept der Biophilie, der Liebe zum Leben. Ingrid Riedel (2018) hat auf der Tagung des vergangenen Jahres dieses Fromm'sche Konzept bereits ausführlich und überzeugend vorgestellt, so dass ich mich hier auf die Kernaussagen beschränken kann. Fromm beschreibt die Biophilie als eine primäre Grundstrebung, die allem Leben inhärent ist.

»Die Tendenz, das Leben zu erhalten und sich gegen den Tod zu wehren, ist die elementarste Form der biophilen Orientierung und aller lebenden Substanz eigen. Insofern es sich dabei um eine Tendenz handelt, das Leben zu *erhalten* und sich gegen den Tod zu *wehren,* stellt sie nur *einen* Aspekt des Lebenstriebes dar. Der andere Aspekt ist positiver: Die lebende Substanz hat die Tendenz zur Integration und Vereinigung; sie tendiert dazu, sich mit andersartigen und gegensätzlichen Wesenheiten zu vereinigen und einer Struktur gemäß zu wachsen. Vereinigung und integriertes Wachstum sind für alle Lebensprozesse charakteristisch, und dies trifft nicht nur für die Zellen zu, sondern auch für das Fühlen und Denken« (Fromm, 1964a, GA II, S. 185).

Die allem Leben inhärente Tendenz, die konstruktiven Lebensmöglichkeiten zur Entfaltung zu bringen, ist auch der Grund dafür, dass es eine primäre Tendenz beim Menschen gibt, seine psychischen Bindungsbedürfnisse kreativ und produktiv befriedigen zu wollen. Diese Tendenz zur Biophilie ist allerdings aufgrund der neuronal ermöglichten Gestaltungsfähigkeit seiner Bindungsbedürfnisse um vieles gefährdeter als bei seinen tierischen Vorfahren: Eben weil der Mensch sich auch Befriedigungsmöglichkeiten seines Bezogenseins auf Andere und sich selbst vorstellen kann, die gewaltsam sind oder die den Wunsch, das Leben zu erhalten, aushebeln, sind individuelle und gesellschaftliche Entwicklungen möglich, die zu spezifisch menschlichen Formen der Destruktivität führen. Zu nennen sind hier die sadistische Grausamkeit und die Lust an der Zerstörung um der Zerstörung willen, die es bei Tieren nicht gibt. Tiere bringen sich auch nicht aus Verzweiflung um, und es gibt bei ihnen auch keine selbstmörderischen Terroranschläge und keinen »Tatort«, weder in der Realität noch im Fernsehen.

Dank der Plastizität des menschlichen Gehirns kommt es umgekehrt aber auch dazu, dass die primäre Tendenz zur Biophilie bei der Spezies Mensch zu ungeahnten Blüten führt: Menschen können auch geistige und kulturelle Dinge lieben; sie sind imstande, Fremdes zu verstehen. Sie können sich in eine ihnen ganz fremde Befindlichkeit hineindenken, ja sogar einfühlen, was eben mehr ist als die durch die Spiegelneuronen ermöglichte Empathie, zu der auch Primaten fähig sind.

Beide Möglichkeiten, mit der primären biophilen Tendenz umzugehen, gibt es also beim Menschen. Unterminieren individuelle oder gesellschaftliche Zwänge die primäre biophile Tendenz, dann führt dies dazu, dass sie behindert oder gar vereitelt wird. Wird sie aber vereitelt, entwickelt sich eine nekrophile Dynamik, bei der Menschen vom Leblosen, Toten und Totmachen – also vom Destruktiven – mehr angezogen werden als vom Lebendigen.

In seiner groß angelegten Studie zur Liebes- und Aggressionsfähigkeit des Menschen, die 1973 unter dem Titel *Anatomie der menschlichen Destruktivität* veröffentlicht wurde, richtete Fromm sein besonderes Augenmerk auf Forschungsergebnisse, die empirische Belege für die primäre biophile Tendenz beim Menschen lieferten. So beeindruckten Fromm etwa die Forschungen des Neurobiologen Robert Livingston, weil diese zeigen,»dass Kooperation, Glaube, gegenseitiges Vertrauen und Altruismus in die Struktur des Nervensystems eingebaut sind und von der inneren Befriedigung, die damit verbunden ist, angetrieben werden. Die innere Befriedigung bleibt keineswegs nur auf die Triebe beschränkt« (Fromm 1973a, GA VII, S. 232).

Inzwischen ist die Annahme, dass die primäre biophile Tendenz beim Menschen im Gehirn neurobiologisch verankert und mit den emotionalen Zentren des Gehirns fest »verschaltet« ist, sehr viel gründlicher erforscht worden. Seit der Entdeckung der Motivationszentren und den Erkenntnissen zur Funktion des Neurotransmitters Dopamin im Zusammenhang mit liebevollen Handlungen und Vorstellungen sind es gerade die Neurobiologen wie etwa Joachim Bauer in seinem Buch *Prinzip Menschlichkeit. Warum wir von Natur aus kooperieren* (2006), die sich für die primäre Liebesfähigkeit des Menschen starkmachen.

Aber auch andere biologische Forschungszweige wie die Evolutionsbiologie und die Soziobiologie, die das Bindungsverhalten vor allem der Primaten untersuchen, belegen die Fähigkeit des Menschen zu kooperativem, prosozialem und solidarischem Verhalten – und damit die biophile Tendenz. Mit dieser Fähigkeit wird nicht nur das Überleben der Spezies gesichert; sie ermöglicht auch grundsätzlich das Gemeinwohl und das Wohlsein des Einzelnen.

Anknüpfend an das Tagungsthema habe ich bisher von der Sozial-Psychoanalyse Erich Fromms her versucht, die Lust auf Zukunft mit Fromms Konzept der Biophilie zu begründen. Die Lust auf Zukunft wurde psychologisch als eine dem menschlichen Leben inhärente primäre Tendenz begriffen, die konstruktiven Lebensmöglichkeiten zur Entfaltung zu bringen. Diese sehr ins Grundsätzliche gehenden Theorien möchte ich abschließend noch ein wenig auf die aktuelle Situation hin konkretisieren.

3. Sozialcharakter und Lust auf Zukunft

Die meisten Publikationen Fromms handeln direkt oder indirekt von prävalenten, gesellschaftlich erzeugten Charakterbildungen – also von Sozialcharakter-Orientierungen –, um diese kritisch daraufhin zu untersuchen, ob sie die primäre Tendenz zur psychischen Produktivität – und somit die angeborene Lust auf Zukunft – fördern, hemmen oder vereiteln. Am intensivsten hat dies Fromm beim produktiven Charakter (1947a, GA II, S. 56–71; 1956a; 1959c), beim autoritären Charakter (1936a; 1941a, GA I, S. 300–322) und beim Marketing-Charakter (1947a, GA II, S. 46–56; 1976a, GA II, S. 374–378) getan, weniger ausführlich beim narzisstischen (1964a, GA II, S. 199–223) und nekrophilen Sozialcharakter (1964a, GA II, S. 179–185; 1973a, GA VII, S. 299–334; vgl. auch Funk 1995; 2018, S. 131–217).

Sozialcharakter-Orientierungen zeichnen sich durch eine Grundstrebung aus, die das Denken, Fühlen und Handeln vieler Menschen bestimmt. Autoritäre Menschen wollen Herrschaft ausüben oder unterwürfig sein; am Marketing orientierte Menschen heischen nach Anerkennung, Sieg und Erfolg; sie setzen immer auf die beste Verkaufsstrategie (Marketing), um zu den Gewinnern zu gehören; bei narzisstischen Charakteren geht es immer um ein spaltendes Idealisieren und Entwerten; nekrophile Menschen hingegen fühlen sich von allem angezogen, was wie ein lebloses Ding gesteuert, berechnet, gemanagt, kontrolliert werden kann; sie erleben sich selbst am liebsten wie eine gefühllose, gut funktionierende Maschine. Bei all diesen Sozialcharakter-Orientierungen wird die primäre Tendenz, die konstruktiven Lebensmöglichkeiten zur Entfaltung zu bringen, auf die eine oder andere Weise zumindest gehemmt:

- *Autoritär* unterwürfige Menschen zum Beispiel trauen sich nicht, ihren *eigenen* Willen voll zur Entfaltung zu bringen, üben sich vor allem in Gehorsam und Selbstverzicht und tun sich schwer, lustvoll und als selbstbewusste, autonome Individuen zu leben.

- Am *Marketing* orientierte Menschen verzichten auf weiten Strecken auf eigene Gefühle, auf eigene Ideen und persönliche Eigentümlichkeiten, um sich eine Persönlichkeit anzueignen, die gut ankommt und erfolgreich ist. Hier bleiben ein originäres Identitätserleben und eine authentische Freude am Leben auf der Strecke und verkümmert das Eigene, statt dass es gepflegt und zur Entwicklung gebracht wird.

- *Narzisstische* Menschen sind unbewusst sich selbst nie genug, was nicht verwunderlich ist, wenn das Eigene immer weniger gepflegt wird und die digitalen Medien alles viel besser können als wir selbst. Sie müssen sich deshalb großartiger fantasieren, als sie tatsächlich sind, und alles Negative auf Andere projizieren; sie meiden alles Ambivalente, halten keine Enttäuschung und Kritik mehr aus und können sich selbst, die Wirklichkeit und Andere zunehmend nur noch verzerrt wahrnehmen. Vor allem aber verlieren sie das Interesse am Anderen.

- *Nekrophile* Menschen haben Angst vor der eigenen Lebendigkeit und allem, was wächst; sie fühlen sich von unberechenbaren Gefühlen bedroht und haben alles andere als Lust auf Zukunft. Sie meiden das Ungewisse, lieben Sicherheit über alles, halten sich am Bewährten fest (bei dem man weiß, was man *hat*) und interessieren sich bevorzugt für Vergangenes und Regressives. Das Angezogensein vom Leblosen kann sich auch agitiert zeigen in der eigenen Lust am Zerstören um der Zerstörung willen oder im gesteigerten Interesse an der sinnlosen Destruktivität Anderer; die Faszination für das Leblose kann aber auch auf leisen Sohlen daherkommen und zeigt sich dann in der Lust am Berechenbaren – etwa in der Politik oder in der Partnerschaft oder im modernen Wissenschaftsbetrieb, wo nur noch zählt, was quantifizierbar ist.

Gerade die zuletzt genannte Sozialcharakter-Orientierung macht deutlich, wie sehr die primäre Tendenz, die konstruktiven Lebensmöglichkeiten zur Entfaltung zu bringen und deshalb Lust auf Zukunft zu haben, durch gesellschaftlich erzeugte Bezogenheitsmuster eingeschränkt, wenn nicht gar in ihr Gegenteil verkehrt werden kann.

Natürlich hat der Einzelne an solchen Sozialcharakter-Orientierungen in unterschiedlichem Ausmaß Anteil, und es spielen oft nicht nur eine, sondern mehrere solcher Orientierungen eine Rolle; auch wird unser Denken, Fühlen und Handeln nicht nur von gesellschaftlich erzeugten Strebungen, sondern immer auch von sehr individuellen Charakterbildungen und persönlichen inneren Erfahrungsbildern mitbestimmt. Und doch ist es sinnvoll, der gesellschaftlichen Prägung mehr Aufmerksamkeit zu schenken, zumal wir gegenwärtig alle Zeugen und Teilnehmende einer neuen Sozialcharakterbildung sind, von der abschließend noch kurz die Rede sein soll.

Immer wenn gravierende Veränderungen in Wirtschaft und Gesellschaft stattfinden, entwickeln sich auch Sozialcharakter-Orientierungen, mit denen die vielen versuchen, den veränderten Verhältnissen und Anforderungen gerecht zu werden. Je intensiver und anhaltender solche Veränderungen sind, desto wahrscheinlicher ist eine Veränderung in der psychischen Tiefenstruktur, also auf der Ebene der sozial-charakterologischen Antriebsstrukturen.

Die digitale Revolution mit all ihren Auswirkungen auf Wirtschaft, Gesellschaft, Organisation der Arbeit, Kommunikation, Wissensvermittlung usw. hat in den letzten fünfzig Jahren zur Bildung einer neuen Sozialcharakter-Orientierung geführt, die von einer ganzen Reihe von Sozialpsychologen als neuer Sozialisationstypus identifiziert wurde. Ich selbst habe diesen Versuch mithilfe der Konzepte Erich Fromms auch gemacht und eine »ich-orientierte Sozialcharakter-Orientierung« skizziert (Funk 2005, 2011), deren Grundstrebung eine neue Art von Selbstbestimmung ist, die zu einer veränderten Art von Ich-Konstruktion führt.

Da man mithilfe von Digitalisierung, elektronischen Medien und Vernetzungstechnik auf weiten Strecken Wirklichkeit neu und anders herstellen kann und nicht mehr auf naturale Vorgaben und soziale Maßgaben Rücksicht nehmen muss, gibt es eine fast grenzenlose Gestaltungsmöglichkeit. Jedes und alles ist dank der technischen Wunderwerke möglich, so dass sich eine mächtige Grundstrebung herausgebildet hat, auch alles *selbst bestimmen* und *neu und anders* machen zu wollen. Es soll nichts geben, was einen noch begrenzt und einem hinderlich ist in seinem Streben nach Neukonstruktion der Wirklichkeit.

Aus psychologischer Sicht wird diese sich gegenwärtig entwickelnde Grundstrebung der Ich-Orientierung erst dann wirklich problematisch, wenn sich das Streben, alles entgrenzen und neu konstruieren zu wollen, auch auf die eigene Persönlichkeit bezieht. Mit Persönlichkeitstrainings lernt man dann, immer nur freundlich zu sein, keine Aggressionen gegen andere und keinen Ärger mehr zu spüren, sich selbstbewusst zu zeigen, über alle Zweifel erhaben und immer gut drauf zu sein. Die gewachsene und von inneren Antrieben, Motivationen und Gefühlen geprägte Persönlichkeit wird sozusagen deaktiviert und durch eine simulierte, auf Erfolg, Genuss und Können trainierte ersetzt.

Diese mentale Neukonstruktion der Persönlichkeit (Funk 2011, S. 106–138) führt im Einzelnen:

- zu einer Deaktivierung der *inneren Antriebskräfte*: aktiv und interessiert wird man erst, wenn man aktiviert, animiert und interessiert gemacht wird;
- zu einer Deaktivierung des *eigenen Fühlens,* und hier vor allem aller unangenehmen Gefühle, und zu einer existenziellen Abhängigkeit von Gefühls- und Erlebnisangeboten, um etwas selbstbestimmt *mit*-fühlen zu können;
- zu einer Deaktivierung der eigenen *emotionalen Bindungskräfte,* um ja nicht zu spüren, dass man *innerlich* verbunden, sehnsüchtig, traurig oder allein ist, und stattdessen zu einem permanenten Kontaktbedürfnis und medialen Verbundenseinmüssen, das man allerdings jederzeit selbstbestimmt steuern kann;
- zu einer Deaktivierung eines *originären Identitätserlebens*, um frei zu sein und je nach Situation eine andere Identität möglichst authentisch simulieren zu können;
- zu einer Deaktivierung des *inneren normativen Steuerungssystems* – also das, was man traditionell Gewissen bzw. Über-Ich und Ich-Ideal nennt, um ad hoc selbstbestimmt und in Abstimmung mit Anderen darüber zu befinden, was zu tun und zu lassen ist.

Der entscheidende Punkt ist hier, dass die inneren Wachstumskräfte des Menschen, die geübt und praktiziert werden müssen, wenn sie ihre psychisch produktive Wirkung entfalten sollen, verkümmern und es zu einer umfassenden Orientierung an Kräften kommt, die außerhalb des Einzelnen liegen.

Die Lust auf Zukunft artikuliert sich beim ich-orientierten Sozialcharakter als Lust auf Nutzung der digitalen Techniken und elektronischen Medien. Werden diese allerdings dazu genutzt, die eigenen konstruktiven Lebensmöglichkeiten zu deaktivieren, dann droht die Lust auf Zukunft – verstanden als Realisierung der primären Tendenz, psychisch wachsen zu wollen – zu verkümmern. Lassen Sie mich mit einem Bild zum Schluss kommen, das mich bei der Ausarbeitung dieses Vortrags begleitet hat. Ich hatte mich selbst zu Beginn gefragt, wie sich eigentlich eine Lust auf Zukunft »anfühlt« und spürte als Erstes: Wahrnehmbar wird diese Lust zum Beispiel für Eltern und vor allem Großeltern, wenn sie miterleben, wie das Leben bei Babys, Kleinkindern und Kindern zu Wachstum und Entfaltung drängt. Lust auf Zukunft artikuliert sich hier im Robben, bei den Steh- und Gehversuchen und all den motorischen Errungenschaften der Selbstständigkeit. Lust auf Zukunft wird erlebbar im Ausprobieren, in der Neugier, im Sprechenlernen, im Wissensdurst, im Interesse für Anderes und Fremdes, im Neinsagen, im Jasagen, in der Lust zu fantasieren und die tollsten Geschichten zu erfinden, im Erleben und Steuern von eigenen Gefühlen, Gedanken und Vorstellungen, im Verlangen, etwas beleben, aber auch kaputt machen zu können. Lust auf Zukunft zeigt sich also auch und gerade in den affektiv-emotionalen, geistig-intellektuellen und kommunikativen Errungenschaften der Selbstständigkeit. Zweifellos ist der unbändige Drang, leben zu wollen und etwas selbst und aus eigenem Vermögen hervorbringen zu können, ein zentrales Merkmal von Lust auf Zukunft.

Die Frage drängt sich auf, ob und wie sich diese Lust auf Zukunft – nämlich die eigenen konstruktiven Lebensmöglichkeiten zur Entfaltung zu bringen – im digitalen Zeitalter erhält. Wie sich abzeichnet, kommt es zu einer qualitativen Änderung bei der Beziehung des Menschen zur Technik. Digitale Technik und elektronische Medien sind nicht nur *Instrumente* oder eine Art *Prothese* zur Ausübung von Tätigkeiten; vielmehr nehmen sie verstärkt kognitive und auch emotionale Funktionen wahr, die bisher Verstand und psychische Antriebskräfte erfüllt haben. Sie stellen externalisierte Funktionen dar, die aber so sehr als zu einem selbst gehörig empfunden werden wie die eigene Haut. Dies hat die Künstlerin Marie-Eve Levasseur (2014) veranlasst, in einer Installation ein in der Hand gehaltenes Handy mit der eigenen Haut zu überziehen:

Das Handy als Kontaktorgan ist Teil von mir selbst und für die mediale Ich-Konstruktion unentbehrlich. Digitale Technik und elektronische Medien scheinen überlebensnotwendig zu werden. Tatsächlich liefern Suchmaschinen und Algorithmen zum Teil erheblich bessere Ergebnisse als das eigene Wissen oder Nachdenken. Ob Gleiches von den emotionalen Funktionen gesagt werden kann, wird zwar behauptet, hat sich aber zum Beispiel bei den Untersuchungen zu den Faktoren, die in therapeutischen Verfahren wirksam sind, bisher nicht bestätigt.

Unabhängig davon, ob algorithmusgesteuerte Psychoprogramme effektiver sein können als der Einsatz eigenen Fühlens, Mitfühlens, Mentalisierens, Imaginierens, Naheseins oder Tröstens, kommt es bei der neuen *transhumanistischen Symbiose* von Technik und Mensch zu einer *Deaktivierung* des *eigenen* Denkens, Fühlens, Urteilens, Wollens und werden kognitive und emotionale Funktionen nur noch im Verbund und in Abhängigkeit von künstlicher Intelligenz und simulierter Emotionalität erlebt.

Wie soll sich da eine Lust auf Zukunft, bei der die *eigenen* konstruktiven Lebensmöglichkeiten zur Entfaltung gebracht werden, erhalten? Wenn es um körperliche Eigenkräfte geht – wie etwa sich zu bewegen und Kraft zu haben –, haben die Sesselsitzer, Auto- und Aufzugfahrer schnell gelernt, dass sie etwas tun müssen, weil sonst die körperlichen Eigenkräfte atrophieren. Auch geistige und seelische Eigenkräfte müssen geübt und praktiziert werden, soll die Fähigkeit, selbst etwas zu denken, zu fühlen, zu wollen, zu beurteilen usw. erhalten bleiben. Ansätze hierzu gibt es mehr und mehr – von Selbsthilfegruppen, über Lesezirkel, Achtsamkeits- und Kreativitätsübungen bis hin zu handyfreien Abenden oder zu Wochenenden ohne Mediengebrauch.

So bleibt die Hoffnung. Denn bisher hat sich die Lust auf Zukunft – trotz allem – nicht aus der Welt schaffen lassen.

Literatur

Die Schriften Erich Fromms werden hier nach der *Erich Fromm Gesamtausgabe in zwölf Bänden*, herausgegeben von Rainer Funk, München (DVA und dtv) 1999, zitiert. Inzwischen sind sämtliche Schriften Fromms in deutscher Sprache auch in E-Book-Ausgaben zugänglich (https://books.openpublishing.com/ fromm) und gibt es eine elektronische Gesamtausgabe, die alle 250 Schriften in deutscher Sprache enthält, als ein E-Book (https://books.openpublishing.com/ document/335933). Weitere Hinweise zu Leben und Werk finden sich im Netz unter http://erich-fromm.de/.

Bachofen, J. J. (1954 [1861]): Mutterrecht und Urreligion. Eine Auswahl. Hg. von Rudolf Marx. Alfred Kröner, Stuttgart.

Bauer, J. (2006): Prinzip Menschlichkeit. Warum wir von Natur aus kooperieren. Hoffmann und Campe, Hamburg.

Fromm, E. (1932a): Über Methode und Aufgabe einer Analytischen Sozialpsychologie: Bemerkungen über Psychoanalyse und historischen Materialismus. GA I, S. 37–57.

Fromm, E. (1934a): Die sozialpsychologische Bedeutung der Mutterrechtstheorie. GA I, S. 85–109.

Fromm, E. (1936a): Sozialpsychologischer Teil. GA I, S. 141–187.

Fromm, E. (1941a): Die Furcht vor der Freiheit. GA I, S.215–392.

Fromm, E. (1947a): Psychoanalyse und Ethik. GA II, S. 1–157.

Fromm, E. (1955a): Wege aus einer kranken Gesellschaft. GA IV, S. 1–254.

Fromm, E. (1956a): Die Kunst des Liebens. GA IX, S. 437–518.

Fromm, E. (1959c): Der kreative Mensch. GA IX, S. 399–407.

Fromm, E. (1962): Brief an Clara Urquhart vom 29. September 1962. Fromm-Archiv, Tübingen.

Fromm, E. (1962a): Jenseits der Illusionen. GA IX, S. 37–155.

Fromm, E. (1964a): Die Seele des Menschen. Ihre Fähigkeit zum Guten und zum Bösen. GA II, S. 159–268.

Fromm, E. (1970f): Die Bedeutung der Mutterrechtstheorie für die Gegenwart. GA I, S. 11–14.

Fromm, E. (1973a): Anatomie der menschlichen Destruktivität. GA VII, S. 1–444.

Fromm, E. (1976a): Haben oder Sein. Die seelischen Grundlagen einer neuen Gesellschaft. GA II, S. 269–414.

Fromm, E. (1992e [1937]): Die Determiniertheit der psychischen Struktur durch die Gesellschaft. Zur Methode und Aufgabe einer Analytischen Sozialpsychologie. GA XI, S. 129–175.

Fromm, E. (1994b [1955]): Bachofens Entdeckung des Mutterrechts. GA XI, S. 177–187.

Funk, R. (1995): Der Gesellschafts-Charakter: »Mit Lust tun, was die Gesellschaft braucht«. In: Internationale Erich-Fromm-Gesellschaft (Hg.): Die Charaktermauer. Zur Psychoanalyse des Gesellschafts-Charakters in Ost- und Westdeutschland. Eine Pilotstudie bei Primarschullehrerinnen und

-lehrern. Vandenhoeck & Ruprecht, Göttingen/Zürich, S. 17–73; PDF: http://www.fromm-gesellschaft.eu/images/pdf-Dateien/Charaktermauer/ Charaktermauer_1995_016–073.pdf [Zugriff 30. 5. 2019].

Funk, R. (2003): Was heißt »produktive Orientierung« bei Erich Fromm? In: Fromm Forum, 07 / 2003, Selbstverlag, Tübingen, S. 14–27; PDF: http:// www.fromm-gesellschaft.eu/images/pdf-Dateien/Funk_R_2003a [Zugriff 30. 5. 2019].

Funk, R. (2005): Ich und Wir. Psychoanalyse des postmodernen Menschen. dtv, München.

Funk, R. (2011): Der entgrenzte Mensch. Gütersloher Verlagshaus, Gütersloh.

Funk, R. (2011a): Mehr als Intersubjektivität. Der sozialpsychoanalytische Ansatz von Erich Fromm. In: Forum der Psychoanalyse, Jg. 27 (Nr. 2), S. 151–163.

Funk, R. (2013): Dem Leben verpflichtet. Albert Schweitzer und Erich Fromm. In: E. Weber (Hg.): Albert Schweitzer. Hundert Jahre Menschlichkeit. Gedenk- und Gedankenbuch zum 100. Jubiläum der Spitalgründung. Persönlichkeiten unserer Zeit schreiben über Albert Schweitzer. Selbstverlag, Frankfurt am Main, S. 51–55.

Funk, R. (2018):»Das Leben selbst ist eine Kunst«. Einführung in Leben und Werk von Erich Fromm. Herder, Freiburg im Breisgau.

Levasseur, M.-E. (2014): »I've got you under my skin«. Installation 2014. Exponat bei der Ausstellung »Almost Alive« in der Kunsthalle Tübingen 2018. Sammlung Marie-Eve Levasseur.

Riedel, I. (2018): Der Mensch zwischen Gut und Böse. Vom Umgang mit Urfragen. In: B. Dorst, C. Neuen, W. Teichert (Hg.): Zwischen Böse und Gut. Vom Umgang mit Urkräften. Schriftenreihe der Internationalen Gesellschaft für Tiefenpsychologie. Patmos, Ostfildern, S. 9–37.

ANDREAS NEHRING

Populäre Spiritualität – Achtsamkeit als neue Religion?

Vermutlich öfter denn je zuvor werden wir heute von verschiedenen Seiten aufgefordert, achtsam zu sein. Das wird insbesondere dann deutlich, wenn man den Blick auf Populärdiskurse richtet, in denen Achtsamkeit und Achtsamkeitsmeditation eine zunehmend wichtigere Rolle spielen. Die Optionen, den Aufrufen zur Achtsamkeit zu folgen, haben sich derartig multipliziert, dass es beinahe schwerfällt zu entscheiden, wo man beginnen soll, achtsam zu werden: achtsames Kochen, achtsamer Sex, achtsames Autofahren, achtsames Sitzen, Stehen, Liegen usw. Angebote, sich darüber zu informieren, finden sich online ebenso zahlreich wie Ratgeber in Buchläden. Achtsamkeit scheint sich als Allheilmittel zur Orientierung in den Untiefen spätmoderner postindustrieller Gesellschaften in besonderer Weise zu eignen (Klein 2018).

Die Normativität hinter der Aufforderung, achtsam zu sein, wird wahrscheinlich am deutlichsten sichtbar in den zahlreichen inzwischen auf dem Markt befindlichen Apps, die jedermann und jede Frau auf dem Handy den ganzen Tag begleiten. Seit 2016 hat die Firma Apple in ihren iPhones eine »Health App« vorinstalliert, die seit der Version iOS 10 neben Sport, Ernährung und Schlaf auch Achtsamkeit als messbare Tätigkeit der User regulieren kann. Diese werden unter anderem aufgefordert, weniger zu sitzen, sich mehr zu bewegen und Sport zu treiben, weniger Junkfood zu essen und auf die Menge der Mahlzeit zu achten, regelmäßig zu schlafen und eben auch die eigenen Sinne zu beruhigen und entspannt und achtsam zu sein.[1]

Apples Health-App vermittelt sich mit diesen vier Bereichen als ein geradezu holistisches Tool, das für ganz verschiedene Funktionsbereiche des menschlichen Lebens ein umfassendes Angebot bereithält, und sie lebt von der Unterstellung, dass die User in ihrem täglichen Verhalten die Anweisungen von Apple gerade nicht befolgen und daher dieses Hilfsinstrumentes bedürfen. Apple gibt keine genauen Anleitungen dafür, wie die Aufforderungen zu einem anderen Lebensstil umgesetzt werden können; dass aber Menschen in postindustriellen Gesellschaften, die ein iPhone besitzen, die versprochenen Qualitäten nicht oder nicht mehr in ihr Leben integrieren können, ist Voraussetzung für das vorinstallierte und aus dem iPhone nicht ohne Weiteres entfernbare Angebot. Was Apple nicht erwähnt, ist, dass wesentliche Aspekte dessen, was der Konzern als Achtsamkeit ansieht, aus der buddhistischen Tradition entlehnt sind und in den Kontext einer spirituellen Praxis gehören, die von buddhistischen Meditationslehrern wie etwa dem vietnamesischen Zen-Mönch Thich Nhat Hanh in den Westen gebracht wurde.

Auch Plum Village, ein Zentrum, das von Thich Nhat Hanh in Südfrankreich gegründet worden ist und das heute zu den wichtigsten und einflussreichsten Zellen für Achtsamkeitsmeditation zählt, bietet eine ganze Reihe von Desktop- und mobilen Apps an, zum Beispiel die »Glocke der Achtsamkeit«, die helfen sollen, die spirituelle Praxis der Meditierenden zu unterstützen. So heißt es auf der Homepage von Plum Village:

»Wenn wir mit unseren Computern oder Smartphones beschäftigt sind, gehen wir oft vollkommen in unserer Arbeit auf und verlieren jeden Kontakt mit unserem Körper im Hier und Jetzt. Da könntest du doch die Glocke der Achtsamkeit auf deinen Computer oder dein Smartphone laden und jede Viertelstunde (oder sooft du möchtest) klingelt die Glocke und du hast die Möglichkeit innezuhalten, zu atmen und zu entspannen. Drei Mal ein- und auszuatmen reicht schon aus, um die Spannung im Körper zu lockern und zu lächeln, und dann fahre fort mit deiner Arbeit. Wenn wir mitten in einer Unterhaltung sind kann die Glocke der Achtsamkeit eine hilfreiche Erinnerung sein, achtsame und mitfühlende Rede zu praktizieren.

Es gibt auch virtuelle Sanghas, angeleitete Meditationen und weitere Achtsamkeit-Tools, die online erhältlich sind. Sieh doch mal unter *Plumline* (plumline.org) nach, wenn du eine virtuelle Sangha in der Plum Village Tradition finden möchtest [...].«[2] [Übers. d. A.]

Anders als die »Health App« von Apple sollen Apps wie »Die Glocke der Achtsamkeit« und die verschiedenen Online-Angebote von Plum Village dazu dienen, Achtsamkeitspraxis als buddhistische spirituelle Übung zu erleichtern (»innezuhalten«, »achtsame und mitfühlende Rede zu praktizieren«, »eine virtuelle Sangha in der Plum Village Tradition [zu] finden«). Bei Apples »Health App« und vielen anderen Achtsamkeits-Apps kann man dagegen nur eine Aneignung buddhistischer Praktiken zu kommerziellen Zwecken konstatieren.

Der Philosoph und Psychoanalytiker aus der slowenischen Lacans-Schule Slavoj Žižek hat sich bereits lange vor der Veröffentlichung der hier erwähnten kommerziellen Achtsamkeits-Apps ziemlich polemisch über die Aneignung buddhistischer Praktiken geäußert: »Die meditative Einstellung des westlichen Buddhismus dürfte für uns die effektivste Methode sein, vollständig an der kapitalistischen Dynamik teilzuhaben und zugleich den Anschein mentaler Gesundheit zu wahren« (Žižek 2001, S. 64).

Die erfolgreiche kommerzielle Vermarktung von Achtsamkeit ist aber nur ein Aspekt, der deutlich anzeigt, welche Bedeutung dieses Konzept und die damit verbundenen Praktiken in (post)modernen Gesellschaften erlangt haben, auch die Durchbrüche und Erkenntnisse der kognitiven Neurowissenschaften haben in den letzten Jahren Achtsamkeit zu einem Thema gemacht, das wissenschaftlich von hoher Relevanz ist. Bei der Erforschung des Bewusstseins ist Achtsamkeit als ein Thema von allgemeinem Interesse in die öffentliche Diskussion eingebracht worden. In diesem Zusammenhang ist unter anderen durch den Philosophen Thomas Metzinger eine Debatte angestoßen worden, die unter dem Schlagwort einer »neuen Bewusstseinskultur« darauf abzielt, nun auch die sozialen und kulturellen Implikationen der Bewusstseinsforschung weiter auszuloten (Metzinger 2009).

Insbesondere die zunehmende technische Verfügbarkeit des Bewusstseins und die daraus resultierende mögliche Beeinflussung des subjektiven Erlebens werden als Herausforderung angesehen, der sich Geistes- und Naturwissenschaften in gleicher Weise, wenn auch mit unterschiedlichen Vorgaben, zu stellen haben.

Seit einiger Zeit zeichnet sich auch in diesen Diskussionen eine verstärkte Beschäftigung mit dem Thema Meditation und insbesondere mit der dem Buddhismus entlehnten Bewusstseinstechnik der »Achtsamkeit« ab. Meist wird betont, dass es sich hierbei um eine nicht konfessionell gebundene Praxis der Selbsterfahrung handele; Achtsamkeit, auch wenn aus dem Buddhismus entlehnt, wird als eine Praxis verstanden, die transkulturell und jenseits religiöser Traditionen von jedermann und jederfrau mit Gewinn ausgeübt werden kann.

Doch gerade diese Abgrenzung von einem religiösen Hintergrund weist bereits darauf hin, dass die Achtsamkeitsmeditation zu einem heute immer wichtiger gewordenen Phänomen dessen gesehen werden kann, was von verschiedenen sozialtheoretischen Ansätzen (z. B. von Hubert Knoblauch) als »Spiritualität« von »Religion« abgegrenzt wird. Daher möchte ich die These aufstellen, die ich im Folgenden ein wenig ausführen werde, dass sich Achtsamkeitsmeditation als ein hervorragendes Exempel für die soziokulturellen Figurationen von »Spiritualität« in den westlichen Gesellschaften betrachten lässt.

Zwischen Therapie und religiösem Erlebnis, wissenschaftlichem Gegenstand und pädagogischem Konzept changierend bietet sich die Achtsamkeitsmeditation an, um zu fragen, wie sich in unterschiedlichen gesellschaftlichen Funktionsbereichen der Mehrwert einer impliziten »spirituellen« Gewissheit, die in der Meditation eingeübt und transformiert wird, zu so einem breiten gesellschaftlichen Diskurs entwickeln konnte (Nehring/Ernst 2013).

Was ist eigentlich in der Regel mit Achtsamkeit gemeint? Ich will es einmal so definieren: Es ist der mentale Zustand einer gesteigerten Form der Wahrnehmung gegenüber eigenen Bewusstseinsinhalten, der durch Körperpraktiken wie Konzentration auf den Atem oder das Gehen eingeübt werden soll.

Dabei muss man sich allerdings klar vor Augen führen, dass die heute angewandten Übungen aus der buddhistischen Meditationstechnik erst über die Begegnung mit der westlichen Kultur und deren Würdigung des Individuums ihre jetzigen Ausformungen gefunden haben. Sowohl als philosophisches Konzept als auch als Meditationspraxis wird die Achtsamkeit im Westen seit dem 19. Jahrhundert rezipiert und erfährt gegenwärtig, weit über die Medizin und die Psychotherapie hinaus, in der Wissenschaft, der Religion, dem Erziehungssystem und der Populärkultur erhebliche Beachtung.

Inzwischen hat sich also, um es zusammenzufassen, ein breiter Diskurs um Achtsamkeit entfaltet, und es ist, glaube ich, nicht übertrieben zu sagen, dass Achtsamkeit das derzeit populärste Schlagwort ist, wenn es um die Schulung des Bewusstseins geht.

Insbesondere die Verwendung von Meditationspraktiken zu therapeutischen Zwecken ist en vogue. Meditation gilt derzeit als ein quasi nebenwirkungsfreies Therapeutikum für eine ganze Reihe von Pathologien und Problemlagen des zeitgenössischen Subjekts: Meditation hilft, so die gängige Meinung, auf sanfte Art bei persönlicher Überforderung, beruflichen Rückschlägen und sozialen Notlagen und als Burnout-Prävention, also allen Menschen, die mit Depressionen, Angststörungen oder Schmerzkrankheiten belastet sind.

An zwei Beispielen aus den jüngsten Diskursen, in denen Achtsamkeit zu einem zentralen Konzept entwickelt worden ist, das heute in unterschiedlichsten Funktionsbereichen eingesetzt und erforscht wird, kann das verdeutlicht werden.

Achtsamkeit und Interbeing

Auch in nicht fachlichen Kreisen hat das Thema Achtsamkeit Einzug gehalten. So bietet die Website www.blumenwiesen.org aus Sicht einer Betroffenen Informationen zu Traumafolge- und Persönlichkeitsstörungen, wie beispielsweise zur Posttraumatischen Belastungsstörung, zur Dissoziativen Identitätsstörung und zur Borderline-Persönlichkeitsstörung. Die Dialektisch Behaviorale Therapie (DBT) nach Marsha Linehan stellt ein, wie es auf dieser Homepage heißt, »evidenzbasiertes Therapieverfahren« dar, »das heißt, die Wirksamkeit ist wissenschaftlich nachgewiesen«. Auf der Homepage gibt es auch ein Link zu einer »Wohlfühl-Oase: DBT-Skillsammlung«. Hier finden sich Anleitungen zu der Form von Achtsamkeitsmeditation, die auch Linehan in ihrer Therapie einsetzt. In ihrem *Trainingsmanual zur Dialektisch-Behavioralen Therapie der Borderline-Persönlichkeitsstörung* (1996) stellt Linehan Übungen vor, die ursprünglich auf Thich Nhat Hanh zurückgehen.

Thich Nhat Hanh gehört neben dem Dalai-Lama wahrscheinlich zu den bekanntesten Vertretern eines heute vor allem im Westen rezipierten Buddhismus. Achtsamkeit *(mindfulness)* ist ein Begriff, der von dem Buddhismusforscher und Begründer der Pali Text Society Thomas Rhys Davids im 19. Jahrhundert eingeführt und durch Thich Nhat Hanh popularisiert und in die unterschiedlichsten Diskurse eingespeist wurde.

Thich Nhat Hanh ist als Nguyen Xuan Bao 1926 in Zentralvietnam geboren und im Alter von 16 Jahren in ein traditionelles Thien/Zen-Kloster eingetreten. Während des Vietnamkriegs (1964–1975) zählte er zu den profiliertesten Vertretern der buddhistischen Antikriegsbewegung, engagierte sich als Vorsitzender der vietnamesischen Delegation für Friedensgespräche, trat für die Opfer ein, und auch nach dem Krieg engagierte er sich politisch vor allem in Fragen der Menschenrechte. Seit seiner Ausweisung aus Südvietnam (1966) lebt er in Südfrankreich, in der Nähe der Pyrenäen, im sogenannten Plum Village, wo er zunächst vietnamesische Flüchtlinge aufnahm, wohin inzwischen aber viele europäische Anhänger kommen, denen er ein Zentrum der Meditation und spirituellen Schulung bietet. Thich Nhat Hanh hat inzwischen mehr als 60 Bücher veröffentlicht, meist spiritueller Art. Während der Zeit des Vietnamkriegs hat er einen eigenen Orden gegründet, den Tiep Hien Orden (*Order of Interbeing* / Intersein-Orden), der heute als Keimzelle weltweit verbreiteter Achtsamkeitszentren gelten kann. *Interbeing* ist ein Kunstwort, das Thich Nhat Hanh selbst geprägt hat und das die wechselseitige Verbundenheit allen Seins zum Ausdruck bringen soll. Achtsamkeitsmeditation übt das ein. Achtsamkeit *(Sati)*, der siebente Schritt des edlen achtfachen Pfades zur Befreiung vom Leiden (vier edle Wahrheiten), nimmt bei Thich Nhat Hanh nun eine zentrale Stellung ein (ders. 1992). Gemeint ist damit ein bewusstes Erleben jedes gegenwärtigen Augenblicks, eine klare Bewusstheit bei allen Handlungen. Achtsamkeit ist Weg und Ziel in gleicher Weise. Für die Breite der Rezeption von Achtsamkeitsmeditation nicht nur in verschiedenen populärreligiösen Kontexten und therapeutischen Praktiken, sondern auch für das starke Interesse an dieser Meditationstechnik in den Neurowissenschaften war es von Bedeutung, dass Thich Nhat Hanh Elemente des Zen-Buddhismus, also aus der Mahayana-Tradition, mit der Vipassana-Meditation, also aus dem Theravada-Buddhismus, verbindet.

Vipassana heute

Vipassana bedeutet in Pali »Einsicht«, aber auch so viel wie »höheres Sehen«, »intuitives Wissen«, »inneres Verstehen«, »klare Unterscheidung« oder »Hellblick«. Konkret wird damit eine Gruppe von Meditationstechniken beschrieben, die auf Achtsamkeit beruhen und Erkenntnis zum Ziel haben. Wenn es auch eine Reihe von Unterschieden zwischen den verschiedenen Techniken gibt, so ist ihnen doch gemein, dass hier nur Tatsächliches beobachtet wird (z. B. die Atmung). Es wird nichts hinzugefügt oder imaginiert, nichts soll verändert oder gesteuert werden und nichts soll unterdrückt werden.

Damit unterscheidet sich *Vipassana* wesentlich von imaginativen Verfahren, wie sie beispielsweise in der Traumatherapie eingesetzt werden, in denen bewusst Imaginationen induziert werden. Doch auch bei Entspannungsverfahren wie der Progressiven Muskelentspannung nach Jacobsen werden, anders als im *Vipassana*, bestimmte physiologische Parameter verändert.

Über die Rolle der Achtsamkeit innerhalb der buddhistischen Lehre gibt eines der bekanntesten *Sutras* bzw. *Suttas*, das »*Satipatthana-Sutta* Aufschluss, die Lehrrede von den vier Grundlagen der Achtsamkeit, welche wie folgt beginnt: »Ihr Mönche, dies ist der direkte Weg zur Läuterung der Wesen, zur Überwindung von Kummer und Wehklage, zum Beenden von *dukkha* und Betrübtheit, zur Erlangung der richtigen Methode, zur Verwirklichung von *Nibbāna,* nämlich die vier *satipaṭṭhānas*« (Analayo 2010, S. 13).

Die vier *Satipatthanas* sind die achtsame Betrachtung
1. des Körpers,
2. der Gefühle,
3. des Geistes, sowie
4. der *dhammas*, d. h. der Geistesobjekte, deren Höhepunkt die vier edlen Wahrheiten sind (ebd., S. 30).

In der Theravada-Tradition und insbesondere in den Kommentaren zum *Satipatthana-Sutta* wird betont, dass sich die Konzentration der Aufmerksamkeit in erster Linie auf eine Betrachtung der erwähnten vier *Satipatthanas* Körper, Gefühle, Geist und die *dhammas*, die Geistesobjekte, richten soll. Die im *Satipatthana-Sutta* vermittelte Meditationstechnik war ursprünglich eine spirituelle Technik, bei der die rein formale und inhaltsneutrale Fähigkeit zum bewussten Beobachten geschult werden sollte. Es geht um die Realisierung der drei Grundkonstituenten des Seins als *leidvoll, vergänglich* und *nicht selbsthaft.*

Die psychologischen Aspekte des Buddhismus wurden in der

akademischen Psychologie bisher kaum untersucht, sie bieten aber differenzierte Modelle, die Ansatzpunkte zur Erklärung der Wirkweise von Achtsamkeit bieten (Sauer 2011).

Für ein Verständnis der buddhistischen Konzeption des psychischen Apparats sind die vier zentralen Aspekte oder Prozesse des Psychischen von Bedeutung: 1. Bewusstsein (Pali: *Vinnana*), 2. Erkennen (Pali: *Sanna*), 3. Empfindung (Pali: *Vedana*) und 4. affektiv-motivationale Reaktion (Pali: *Sankhara*). Mithilfe dieser Prozesse wird in der buddhistischen Tradition eine breite Palette menschlichen Verhaltens beschrieben. Die Prozesse können entweder so verstanden werden, dass sie als zeitliche Schritte erscheinen, die aufeinander folgen, aber auch als Prozesse, die parallel zueinander ablaufen. Buddhistische Quellen betonen, dass es in einigen Fällen nicht möglich ist, die Prozesse in der eigenen Wahrnehmung auseinanderzuhalten, und in anderen Fällen sei dies nur Geübten möglich (Boisvert 1995, S. 93–98; Waldron 2006).

Dabei ist besonders der Aspekt zu betonen, dass es explizit keine Ich-Konzeption in diesem Modell gibt. Vielmehr versucht das Modell, die Ich-Erfahrung durch den kontinuierlichen und schnell erfolgenden Ablauf dieser vier Prozessstufen zu erklären.

Die vier *Satipatthanas* implizieren eine analytische Vorgehensweise, in der die Illusion einer Substanzhaftigkeit des Beobachters aufgelöst werden soll. Analayo gibt dazu in seinem Kommentar zum *Satipatthana* eine Erläuterung, die es fraglich erscheinen lässt, ob die Anweisungen des *Satipatthana-Sutta* überhaupt auf gegenwärtige Achtsamkeitspraktiken übertragbar sind:

»Indem man die Achtsamkeit den verschiedenen Facetten der subjektiven Erfahrung zuwendet, werden diese einfach als Objekte erfahren, und die Vorstellung der Kompaktheit, das Gefühl eines festgefügten ›Ich‹, beginnt zu zerfallen. Je mehr also die subjektive Erfahrung ›objektiv‹ betrachtet werden kann, desto mehr wird sich die ›Ich‹-Identifikation verringern [...] bis kein ›Ich‹ mehr zu finden ist« (Analayo 2010, S. 35).

In der Mahayana-Tradition wird die Konzentration der Aufmerksamkeit dann darüber hinaus auch auf die Betrachtung der Leerheit und Unwirklichkeit der Betrachtungsgegenstände gerichtet. Thich Nhat Hanh warnt nun davor, die Analyseschritte aus dem *Satipatthana-Sutta* als dogmatische Anweisungen zu verstehen, und beruft sich vor allem auf das Herz-Sutra (*Mahaprajnaparamita-Hridaya-Sutra)*, das lehre, »allen dogmatischen Haltungen zu widerstehen« (Thich Nhat Hanh 1992, S. 120). Stattdessen hebt er sieben fundamentale Veränderungen der Wahrnehmung des eigenen Selbst und seiner Beziehung zum Anderen hervor, die er als die Sieben Wunder der Achtsamkeit bezeichnet:

1. Das erste Wunder der Achtsamkeit ist, gegenwärtig zu sein und die Fähigkeit zu haben, mit dem blauen Himmel, einer Blume, dem Lächeln eines Kindes in eine tiefe Berührung zu kommen.

2. Das zweite Wunder der Achtsamkeit ist, das Andere – den Himmel, eine Blume, ein Kind – auch gegenwärtig zu machen. Dann ist es uns möglich, einander auf eine tiefe Weise zu erkennen.

3. Das dritte Wunder der Achtsamkeit ist, den Gegenstand deiner Wahrnehmung zu nähren, indem du ihm mit deinem ganzen Sein wahre Aufmerksamkeit entgegenbringst.

4. Das vierte Wunder der Achtsamkeit ist, das Leiden Anderer zu lindern.

5. Das fünfte Wunder der Achtsamkeit ist tiefe Schau und die Erkenntnis von sich selbst und Anderen.

6. Das sechste Wunder der Achtsamkeit ist Verstehen. Wenn wir achtsam im gegenwärtigen Moment sind, erkennen wir auf eine tiefe Weise und wecken den Wunsch in uns, Leiden zu lindern und Freude zu schenken. Verstehen ist die Grundlage der Liebe.

7. Das siebte Wunder der Achtsamkeit ist Transformation. Indem wir Rechte Achtsamkeit praktizieren, rühren wir an die heilenden und erquickenden Aspekte des Lebens und beginnen, unser eigenes Leiden und das der Welt zu transformieren.

(Thich Nhat Hanh 1998, S. 59–62)

Thich Nhat Hanh ist sicherlich eine Schlüsselfigur in der Vermittlung von Achtsamkeit als einem buddhistischen Konzept in den Westen, das in unterschiedliche Funktionsebenen eingespeist werden konnte. Er hat dazu beigetragen, dass Meditationserfahrung als eine transkulturelle Dimension ausgebildet werden konnte, die sich sowohl in asiatischen wie in westlichen Kontexten realisieren lässt (Erber 2011). Sicherlich war er aber nicht der Einzige.

Für die frühe Phase der Meditationsbewegung bis etwa 1960 stehen vor allem die drei Namen der gebürtigen Deutschen Nyanatiloka, Nyanaponika[3] und Lama Anagarika Govinda. Alle drei sind Meditationsmeister und Gelehrte in einem gewesen, und sie übten deshalb weit über die buddhistischen Kreise hinweg, bis in die christlichen Kirchen, keinen geringen Einfluss aus.

Ausgangspunkt für die heutigen Vipassana-Ansätze waren einige südostasiatische Länder – vor allem Burma, Sri Lanka und Thailand. Man kann von einer Vielzahl von Ansätzen sprechen, die Hans Gruber in seinem sehr informativen *Kursbuch Vipassana* (2001) in vier Klassen eingeteilt hat: Die ersten beiden sind burmesischen Ursprungs; es sind die Techniken des »Körperdurchkehrens« und des »Benennens«. Der erste Ansatz geht auf die Tradition von U Ba Khin (1899–1971) zurück, der ein bedeutender Politiker in Burma war. Der zweite Ansatz ist keine Laientradition, wie der erste, sondern beruft sich auf die klösterliche Tradition um die Mönche Mingun Sayadaw (auch U Narada genannt, 1868–1955) und dessen Schüler Mahasi Sayadaw (1904–1982). Die beiden anderen Ansätze sind thailändischen Ursprungs: Es sind der »organische Naturweg der Ordensgemeinschaft« sowie die Lehre von der »Leerheit aller Dinge«. Sie sind jeweils von den Mönchen Ajahn Chah (1918–1992) und Ajahn Buddhadasa (1906–1993) begründet worden. Berühmt und weit verbreitet wurden sie durch Satya Narayan Goenka aus Myanmar (1924–2013) (Gruber 2001, 2002). Sicherlich wäre auch noch Ayya Khema zu erwähnen, eine bedeutende Vipassana-Lehrerin, die unter anderem mit ihren Büchern viele Praktizierende erreicht hat.

Es fällt auf, dass alle Ansätze jüngeren Datums sind, was angesichts der 2500 Jahre alten Tradition des Theravada verwundert. In der Buddhismusforschung ist umstritten, ob die *Vipassana*-Techniken bis ins 20. Jahrhundert vor allem Mönchen vorbehalten waren. Historiker argumentieren, dass erst die *Reformbewegungen* im 19. und frühen 20. Jahrhundert Veränderungen initiiert und die Meditationstechniken auch für Laien zugänglich gemacht haben.[4] Das *Vipassana,* so lautet ein starkes Argument, ist in einer »Invention of Tradition« (Hobsbawn), anknüpfend an eine imaginierte Praxissituation der Urgemeinde, zwischen dem Ende des 19. und dem Anfang des 20. Jahrhunderts als Reformbewegung in Reaktion auf kulturelle Überformungen des Theravada entstanden. Daraus wird dann auch oftmals abgeleitet, dass es sich hierbei um eine transkulturelle, historisch mehr oder weniger unbelastete Tradition handelt. Mit dieser Ausbreitung, vor allem als sie in großem Umfang den Westen erreichte, kamen viele »Nicht-Buddhisten« mit Vipassana oder darauf aufbauenden Ansätzen in Berührung.[5]

Mindfulness-Based Stress Reduction

Ebenfalls entlehnt aus der buddhistischen Tradition der Vipassana-Meditation, sind die Eigenschaften von Achtsamkeit unter anderem von dem amerikanischen Molekularbiologen Jon Kabat-Zinn ab den späten 1970er Jahren als Programm der sogenannten »Mindfulness-Based Stress Reduction« (MBSR) für therapeutische Zwecke in Medizin und Psychologie nutzbar gemacht und mit großem Erfolg bei der Behandlung einer breiten Palette von psychosomatischen und körperlichen Erkrankungen verwendet worden.

Kabat-Zinn kann daher mit Recht als der herausragende Vertreter der »achtsamkeitsbasierten Ansätze«, die auf *Vipassana* aufbauen, bezeichnet werden. Insbesondere der erste Ansatz des »Körperdurchkehrens« – Kabat-Zinn spricht von »Body-Scan« – wird in der MBSR umgesetzt. Kabat-Zinn entwickelte dieses Programm in einem verhaltensmedizinischen Setting für Patientinnen und Patienten mit diversen chronischen und stressbedingten Krankheiten wie chronischen Schmerzen. Von stressinduzierten psychischen Erkrankungen wie Depressionen, Angststörungen und somatoformen Schmerzerkrankungen wie Fibromyalgie und Burnout bis hin zu durch schwere Krankheiten ausgelösten Schmerzen wird Achtsamkeitsmeditation mit Erfolg zum Aufbau einer größeren Krankheitstoleranz und verbesserter Krankheitsbewältigungsstrategien angewendet.

Das Training besteht aus einem acht- bis zehnwöchigen Gruppenkurs, in dessen Rahmen sich die Teilnehmenden einmal pro Woche für ca. zweieinhalb Stunden treffen, um »Mindfulness-Skills« zu erlernen und über Stress und Copingstrategien zu diskutieren (Kabat-Zinn 2006). In der sechsten Woche findet zudem ein ganztägiges Intensivtraining von etwa acht Stunden statt. Die Patientinnen und Patienten erlernen dabei eine Reihe von Meditationsübungen. Die wichtigsten Elemente der sogenannten »formalen Praxis« sind die Body-Scan-Übung, bei welcher die Aufmerksamkeit sukzessive auf verschiedene Körperstellen gelenkt wird; die Sitzmeditation, deren Kernelement die Konzentration auf die Atmung ist, und die Hatha-Yoga-Positionen, welche mit sanften Dehnübungen die Achtsamkeit für Körperempfindungen trainieren. Als informelle Meditation wird die bewusste Aufmerksamkeitslenkung auf alltägliche Tätigkeiten wie etwa Gehen, Essen oder Abwaschen verstanden. Die Teilnehmenden werden aufgefordert, auch außerhalb der geleiteten Trainings regelmäßig zu meditieren, und zwar täglich mindestens 45 Minuten an sechs Tagen pro Woche. Der Kern aller Achtsamkeitsübungen ist die Fokussierung der Aufmerksamkeit auf eine gerade absolvierte Tätigkeit bzw. auf die dabei erlebten Empfindungen.

Wenn Gedanken, Empfindungen oder Emotionen auftauchen, sollen diese mit einer nicht wertenden Haltung betrachtet, erkannt und wieder losgelassen werden, wie am Himmel vorbeiziehende Wolken, ein Bild, das Kabat-Zinn in seinen Kursen und Texten häufig verwendet Im Gegensatz zu einigen anderen Vertretern betont Kabat-Zinn die Wichtigkeit der Selbsterfahrung der instruierenden Person und den Grundsatz, von den Lernenden nicht mehr zu verlangen, als man selbst zu tun bereit ist. Die nicht zielorientierte, nicht fordernde Orientierung des MBSR-Ansatzes stehe zunächst im Gegensatz zu den vollen Terminkalendern und vielseitigen Zielen der Patientinnen und Patienten. Die Motivation, diese Ziele gerade mit einer solch achtsamen Haltung zu erreichen, müsse deshalb von den Instruktoren gefördert und aufrechterhalten werden.

Während Thich Nhat Hanh sich dezidiert als Buddhist bekennt, nimmt Kabat-Zinn buddhistische Elemente auf, insbesondere buddhistische Praktiken, betont jedoch, dass diese auch außerhalb von Religion ebenso praktiziert werden können, ohne dass man sich dazu auf den Buddhismus berufen müsse. Achtsamkeit wird in den meisten psychotherapeutischen Kontexten losgelöst vom Buddhismus eingesetzt. Dabei könnte man sich die Frage stellen, inwieweit Achtsamkeit unabhängig von diesem Kontext funktionieren kann. Das aber soll hier nicht infrage gestellt werden, da ich durchaus annehme, dass das möglich ist, wenn auch vielleicht ganz anders als in einem buddhistischen Kontext?

Perspektive der ersten und dritten Person – Buddhismus und Naturwissenschaft

Was aber die Beschäftigung mit Achtsamkeit über die eigene meditative Erfahrung hinaus so spannend macht, ist, dass diese subjektive Methode der meditativen Praxis – also ein Zugang aus der Perspektive der ersten Person – nun als Komplement der objektiven Beobachtungsweise aus der Perspektive der dritten Person diskutiert wird, wie sie die moderne Hirnforschung einnimmt (Wallace 2007).

Bevor ich diesen Gedanken weiter ausführe und um die gegenwärtige breite Rezeption der Achtsamkeitsmeditation in den Blick zu bekommen, muss aber zunächst noch ein weiterer Aspekt bedacht werden: Kaum einer zweiten Religion wird seit Jahrzehnten eine so hohe Affinität zur Wissenschaft zugeschrieben wie dem

Buddhismus. Zumindest gilt diese Aussage, wenn man wesentliche Aspekte der Rezeptionslinien des Buddhismus im Westen, wie sie sich seit dem 19. Jahrhundert verfolgen lassen, betrachtet. Die neuere westliche Rezeption des Buddhismus vollzieht sich auch unter dem Vorzeichen der Idee, dass der Buddhismus mit Grundeinsichten der westlichen Wissenschaften vereinbar ist.

Und dies ist einer der Gründe für die große Attraktivität des Buddhismus besonders im Westen. Physiker wie Wolfgang Pauli, Werner Heisenberg, David Bohm, Evolutionsbiologen wie Francisco Varela und Humberto Maturana und Hirnforscher – in Deutschland Wolf Singer, Tania Singer, Britta Hölzel u. a., in den USA V. S. Ramachandran, Richard Davidson und alle, die mit buddhistisch Meditierenden experimentieren –, waren aus zwei Gründen von dieser asiatischen Religion fasziniert: Zum Einen war es die experimentelle Orientierung des Buddhismus, die der Überlieferung zufolge auf den Buddha selbst zurückgeht, wenn er auf seinem Sterbelager die Schüler ermahnt, nichts kritiklos zu übernehmen, sondern stets selbst zu prüfen, ob die Lehranweisungen für die geistige Praxis hilfreich seien. Zum Anderen wird dem Buddhismus ein Weltbild zugeschrieben, das auf Metaphysik weitgehend verzichten kann, d. h. es gibt keinen Dualismus von Geist und Materie, von Gott und Welt. Vielmehr wird die Realität als ein Kontinuum von Prozessen unterschiedlicher Subtilität interpretiert, wobei das, was wir als geistige oder materielle Prozesse erleben, graduelle Differenzen eines Ganzen sind.

Durch Introspektion, mittels einer durch meditative Schulung völlig konzentrierten und gebündelten Aufmerksamkeit, soll diese Nicht-Dualität zu einer Erfahrung des Geistes werden, die jedem möglich ist. Der Buddhismus bietet somit einen Weg zum Erwachen an, der Methoden und Vorstellungen integrieren kann, die sich nützlich erweisen für die Reifung des Menschen. Jon Kabat-Zinn argumentiert folgendermaßen:

»Es ist eine Methode, die auch außerhalb des buddhistischen Kontextes angewendet werden kann, weswegen wir sie in der

Stressklinik unterrichten [...]. Ihre besondere Kraft liegt ja gerade darin, dass sie unabhängig von Glaubenssystemen und Ideologien funktioniert. Damit stehen ihre Vorzüge jedermann zur Verfügung« (Kabat-Zinn 2006, S. 27f.).

Diese Konzeption der meditativen Achtsamkeit wird nun diskursiviert als eine erlernbare Form der Aufmerksamkeitslenkung, in der das gesamte Spektrum des eigenen Erlebens in einer nicht wertenden Haltung reflexiv erkannt und beobachtet werden soll. Das Versprechen, das die gegenwärtigen Diskurse zu Achtsamkeitsmeditation implizit oder auch explizit durchzieht, liegt darin, dass hier Metakognitionen eingeübt werden können, die es dem Individuum ermöglichen, eine größere Distanz zu den gewohnten Denkschemata, emotionalen Reaktionen und im Sinne der griechischen *Aisthesis* (Wahrnehmung, Empfindung) zu gewohnten Wahrnehmungsmodi einzunehmen.

Im größeren gesellschaftlichen Kontext wird Meditation zum *pharmakon* des unter neoliberalen Gesellschaftsbedingungen »erschöpften Selbst«, wie Alain Ehrenberg das treffend bezeichnet hat. Auffällig ist gleichwohl, dass bisher die psychologische Erforschung der verschiedenen Aspekte ihrer Wirksamkeit kaum mit den philosophischen, pädagogischen und kulturellen Grundlagen des Achtsamkeitsdiskurses in Verbindung gebracht worden ist.

Zwar liegen inzwischen zahlreiche positive Erfahrungsberichte vor und so ist die Wirksamkeit von Meditation in therapeutischen Kontexten inzwischen weitgehend belegt (exemplarisch: Sauer 2011). Und es darf auch als naturwissenschaftlich objektiviert gelten, dass Meditation bei den indizierten Krankheitsbildern positive Effekte mit sich bringt. Gerade dieser Umstand ist jedoch so lange nicht vollständig verstanden, solange man nicht mitbeachtet, dass meditative Praktiken in kulturelle Kontexte eingebettet sind, die als ein implizierter oder expliziter Faktor bei ihrer Akzeptanz und/oder ihrer Wirkung zur Geltung kommen.

Die derzeit so prominente und medial geradezu omnipräsente buddhistische Achtsamkeitsmeditation, aber auch christlich-mystische oder säkular-nichtweltanschauliche Meditationskonzepte, sind – noch bevor sie im Rahmen einer Psychotherapie oder gar der psychosomatischen Klinik eingesetzt werden – in ein komplexes Netzwerk aus kulturellen Bedingungen eingeflochten, das ihre Akzeptanz beeinflusst. Dazu gehören massenmedial propagierte und diskursiv etablierte Meinungen über Meditation (Artikel mit Titeln wie:»Wann hilft Ihnen Meditation?«), akzeptierte körperliche Praktiken und Lebensstile (von Fitness und Sport über Yoga bis hin zur Selbstoptimierung) und symbolisch aufgeladene Artefakte und Dinge (vom Buddha im Zimmer über Meditationskissen, Räucherstäbchen bis hin zu Mandalas).

Gerade in einer kulturell diversen Gesellschaft wie der unsrigen, scheint es mir daher sinnvoll – analog zu der ihrerseits historischen Frage nach der Akzeptanz von Psychoanalyse als einer»therapeutischen« Praxis – nach den kulturellen Grundlagen von Meditation als therapeutischer Praxis zu fragen. So schreibt Jon Kabat-Zinn:

>»Die Achtsamkeitsmeditation unterscheidet sich wesentlich von den vielen heutzutage praktizierten Entspannungs- und Stresskontrolltechniken. Der wesentliche Unterschied liegt darin, dass sie die Tür öffnet zur direkten inneren Erfahrung des Ganz-Seins, was bei der Anwendung von Techniken, die das Erreichen bestimmter Ziele ins Zentrum rücken, nicht so ohne weiteres der Fall ist« (Kabat-Zinn 2006).

Als Religionswissenschaftler sehe ich es auch als meine Aufgabe, über die soziokulturellen Kontexte aufzuklären, in denen die erfolgreiche Implementierung dieser Meditationspraktiken in den therapeutischen Kontext gegenwärtig erfolgt.

Spiritualität und Achtsamkeit

Daher möchte ich nun auf meine eingangs aufgestellte These zurückkommen, die davon ausgeht, dass Achtsamkeit als eine populäre Form von Spiritualität aufzufassen sei, die darauf abzielt, dem Individuum durch die Bewusstseinstechnik der Meditation ein Differenzwissen um die Wechselwirkung von Bewusstsein und Körper zu vermitteln.

Spiritualität ist heute eines der Wörter, die alle irgendwie verstehen. Doch niemand weiß so recht, was sie bedeuten. Bei Begriffen, deren Gebrauch expandiert, hilft es wenig, im Rückgriff auf historische Definitionen nach den semantischen Wurzeln zu suchen. Spiritismus, der geistliche Spiritual, *spiritus* lassen sich auf dieselbe Wurzel zurückführen, bedeuten aber anderes. Vielmehr wird hier das Wittgenstein'sche Diktum greifen, dass sich die Bedeutung eines Begriffs in seinem Gebrauch in der Sprache zeigt.

Eine eindeutige Zuordnung zu einem geschlossenen kulturellen Kreis, in dem der Begriff zentral verwendet wird, scheint dabei kaum mehr möglich zu sein. Die Grenzen zwischen klassischer Theologie und Religionswissenschaft, Esoterik und Religionen asiatischer Herkunft sind fließend. Das zeigt sich besonders schön in vielen Buchläden, in deren Bücherregalen Unterteilungen wie »Theologie«, »Religion« und »Esoterik« kaum noch vorgenommen, sondern alles unter »Spiritualität« subsumiert wird. Und gerade in dieser Abteilung quellen die Regale über mit Achtsamkeitsratgebern.

Ich stelle einmal die Behauptung auf, dass die heutige Rede von Spiritualität nicht einen selbstverständlich gegebenen Sachverhalt oder ein anthropologisches Anliegen repräsentiert, sondern eng mit den geistesgeschichtlichen Entwicklungen von Aufklärung und Romantik zusammenhängt und mit der Entwicklung eines Konzeptes von Religion als einer allgemeinen Kategorie im Denken seit dem 18. Jahrhundert. Mit anderen Worten: Es gibt keine definitive Bedeutung von Spiritualität, keinen archimedischen Punkt, von dem her eine eindeutige und allgemein gültige Fixierung des Begriffes vorgenommen werden könnte.

Dass der Markt mit seinen spirituellen und esoterischen Angeboten auf bestehende Defizite antwortet und vorhandene Bedürfnisse befriedigt, scheint unbestritten. Interessant ist deshalb die

Frage, wie diese Bedürfnisse in unserem Kulturkreis entstanden sind und worin sie eigentlich bestehen. Immer wieder hört man in diesem Zusammenhang Fragen wie: Ist die Aufklärung gescheitert? Ist sie an ihre natürlichen Grenzen gestoßen? Verkehrt sich die Aufklärung in ihr Gegenteil, wenn Rationalität und Technisierung der Welt ungebremst und unhinterfragt voranschreiten?

Spiritualität ist ein modernes Phänomen, das, wie der Direktor des Göttinger Max-Planck-Instituts Peter van der Veer (2014) überzeugend argumentiert hat, simultan mit dem Prozess der Säkularisierung aufgetreten ist. Ich möchte mich auf einen aus der wissenssoziologischen Forschung entlehnten Begriff von »Spiritualität« beziehen, wie er vor allem von Hubert Knoblauch (2009) entwickelt worden ist. Knoblauch versteht darunter verschiedene, nicht an Organisationen gebundene Formen der Suche nach persönlichen Sinnerfahrungen. Dies geschieht im Rahmen einer »populären« Form von Kommunikation, also einer hochgeneralisierten, breit anschließbaren und für verschiedene Deutungen offene Kulturform.

Das bedeutet aber auch, dass diese Sinnerfahrungen religiös definiert werden können, aber nicht müssen. Spiritualität ist somit ein Oberbegriff für eine Vielzahl institutionell ungebundener Praktiken der individuellen Weltauslegung.

Als eine Form »populärer« Spiritualität erweist sich die Bewusstseinstechnik der Achtsamkeitsmeditation somit als eine Kulturform, die leicht erlernbar ist, keine besonderen Voraussetzungen zur Teilnahme erfordert, in nahezu allen Lebensbereichen angewendet werden kann und folglich mit ganz verschiedenen »spirituellen« Inhalten besetzbar ist.

Geht man davon aus, dass die Populärkultur in den unterschiedlichsten Funktionsbereichen unserer westlichen Gesellschaften entscheidend dazu beiträgt, Prozesse des individuellen Selbstmanagements zu steuern – also Angebote in Bezug auf Lebensstile, Weltanschauungen etc. zu machen –, dann zeigt sich, dass diese Angebote eine narrative Dramaturgie haben. So findet man auch bei der Achtsamkeitsmeditation z. B. eine Semantik des Nutzens für die Gesundheit und den individuellen Lebenssinn (Nehring/ Ernst 2013, S. 384).

Eine zentrale Unterstellung im populären Diskurs zur Moderne besteht nun darin, dass jeder Einzelne im Rahmen von Differenzierungsprozessen auf gesellschaftlicher Ebene verstärkt gefordert ist, sich selbst immer wieder neu innerhalb der eigenen Biografie zu verorten. Durch steigende Anforderungen der Kontingenzkompensation werden auch die Prozesse der Entscheidungsfindung komplexer und es wird schwieriger, die als existenziell postulierte Einheit des Selbst bzw. so etwas wie Ganzheitlichkeit aufrechterhalten zu können. Pathologien wie Depression und Burnout »entstehen« und werden als Symptome des sozialen Wandels, insbesondere der Arbeitsverhältnisse attestiert. Meditation soll an ebendieser Stelle sowohl eine Problemlösungsstrategie anbieten als auch Präventivmaßnahme sein.

Gerade die sehr vielfältigen Bezugnahmen auf Achtsamkeit deuten allerdings darauf hin, dass bei Achtsamkeitsmeditation nicht die Art des weltauslegenden Deutungsangebotes das Entscheidende ist. Achtsamkeit funktioniert vielmehr über die Erfahrung von als vorläufig und vergänglich erfahrenen Bewusstseinsinhalten in ihrer Differenz zu körperlichen Empfindungen.

Achtsamkeit zielt auf die Entfaltung der Erste-Person-Perspektive und damit auf eine Selbstwahrnehmung über Introspektion. Introspektion aber gilt als ein unhintergehbar subjektives Phänomen, das in wissenschaftlichen Argumentationen keine Geltung hat, da es der Beobachtung und dem intersubjektiven Abgleich entzogen ist. Sehr schön deutlich wird das in einem Gespräch zwischen dem Buddhisten und Molekularbiologen Matthieu Ricard und dem Neurowissenschaftler Wolf Singer. Ricard argumentiert:

»Es genügt nicht, angestrengt darüber nachzudenken, wie der Geist funktionieren könnte, und dann komplexe Theorien aufzustellen, wie es Freud beispielsweise getan hat. Solche intellektuellen Abenteuer können 2000 Jahre direkter Erforschung der Arbeitsweise des Geistes anhand gründlicher Introspektion

131

nicht ersetzen, durchgeführt von erfahrenen Praktikern, die bereits zu Stabilität und Klarheit gelangt sind. Selbst die ausgefeilteste Theorie eines brillanten Denkers kann, wenn sie nicht auf empirischer Evidenz beruht, nicht mit den gesammelten Erfahrungen von Hunderten Personen verglichen werden, von denen jede dutzende von Jahren damit zugebracht hat, die subtilsten Aspekte des Geistes durch direkte Erfahrung auszuloten [...]« (Singer/Ricard 2008, S. 11f.).

Damit ist klar, dass es nicht angemessen ist, von fehlender Beobachtbarkeit, sondern von den Positionen der Beobachtung zu sprechen, da ja die eigentlich phänomenologisch interessante Potenz des menschlichen Bewusstseins darin besteht, sich selbstreflexiv beobachten zu können. Bewusstsein ist immer Bewusstsein *von etwas* und auch von sich selbst. Das Problem, das entsteht, ist das In-eins-Setzen von Subjekt und Objekt der Beobachtung.

Wie können Menschen kognitiv Welt wahrnehmen, klassifizieren und symbolisch transformieren und gleichzeitig diese Prozesse, die erst Wirklichkeit entstehen lassen, auf sich selbst anwenden? Der Mensch macht sich ein Bild von sich als einem mit einem Bewusstsein ausgestatteten Subjekt. Diese banal-phänomenologischen Grundannahmen werden nun im Achtsamkeitsdiskurs auf verschiedene Weise reaktiviert: Der Mensch transzendiert sich z. B. selbst durch diesen Egozentrismus bzw. in der Konzeption des Geistes als Entgegenstellung zum »Gehirn«, wie in den Debatten der Philosophie des Geistes und um die Willensfreiheit ausführlich diskutiert wird.

Als eine Bewusstseinstechnik ist Achtsamkeit mithin deshalb eine »spirituelle Praxis«, weil die individuellen spirituellen Deutungsmuster ihre Überzeugungskraft aus einer körperlichen Erfahrungsdimension heraus beziehen. Die »Wirksamkeit« von Achtsamkeit muss also als ein Phänomen des »Embodiments« bzw. der »Verkörperung« von Sinn beschrieben werden. Mit anderen Worten, es kommt mir hier darauf an, deutlich zu machen, dass es sich um eine Körpertechnik handelt, die über den Weg des Körpers das

Bewusstsein zu beeinflussen sucht, indem der Körper zunächst in den Fokus der Aufmerksamkeit gestellt wird, d. h. in der Meditationsterminologie »Achtsamkeit erfährt«.

Die beiden zentralen Techniken, die aus der buddhistischen Vipassana-Tradition übernommen worden sind, sind die der Atmung und die des Körperscans, somatisch nachvollziehbar beispielsweise in der Messung von Herzfrequenz und Sauerstoffverbrauch. In dieser Revitalisierung des Körper-Geist-Verhältnisses wird eine Schließung nach innen vollzogen, und zwar so, dass durch das Zusammenspiel von Körper und Geist – das in der Regel mit dem aufgeladenen Begriff der »Ganzheitlichkeit« belegt wird – eine Kontinuitätsunterbrechung der stetigen weiteren Ausdifferenzierung des Selbst über neue Erfahrungen vollzogen wird.

Was ich hier vor Augen habe, ist der Umstand, dass meines Erachtens der gesellschaftliche Erfolg von Achtsamkeit darin besteht, z. B. zu Krankheiten eine Geschichte zu erzählen, welche etwa die Schulmedizin nicht erzählt. In dieser Lücke zwischen Erfahrung und Geschichte lässt sich die Spiritualität ansiedeln, deren Erfolgsmodell genau darin besteht, ein Versprechen zu geben, die eigene Individualisierung und Persönlichkeitsentwicklung zu fördern. Das aber gelingt auch deshalb, weil Spiritualität eine nicht an Organisationen gebundene Form von Religiosität darstellt.

Dieser Rahmen – also Spiritualität als eine populäre Form der Semantisierung und Explikation individueller Erfahrungen – erlaubt es uns, das Besondere an der Achtsamkeitsmeditation genauer zu fassen, nämlich die Beobachtung der Differenz sowie der Wechselwirkungen von Körper und Psyche, mit anderen Worten, Achtsamkeitsmeditation als eine »Technologie des Selbst« zu verstehen, die auf die Erfahrung von Ganzheitlichkeit abzielt.

Fazit: Achtsamkeitsmeditation ist als körperliche Praxis eine Bewusstseinstechnik, die zweifelsohne therapeutischen Wert hat. Unter ideologiekritischen Aspekten stellt sie sich aber als so etwas wie eine problematische Selbstdeutung unserer Gesellschaft dar, insbesondere der Ansprüche, die sich heute und in Zukunft für das Individuum ergeben.

Anmerkung

1 Siehe dazu die Apple-Health-App: https://www.apple.com/de/ios/health/ [Zugriff: 22.6.2019].

2 »Often when we are on our computers or smartphones, we become completely lost in our work and completely disconnected from our body in the here and now. You may like to program a bell of mindfulness on your computer or smartphone and every quarter of an hour (or as often as you like), the bell sounds so you have a chance to stop, breath and relax. Breathing in and out three times is enough to release the tension in the body and smile, and then continue your work. If we're in the middle of a conversation, hearing the bell of mindfulness can be a helpful reminder to practice mindful, compassionate speech. There are also virtual Sanghas, guided meditations, and other Mindfulness tools available online. You may like to check out Plumline [plumline.org] if you'd like to find a virtual sangha in the Plum Village Tradition [...].« Plumvillage.org. Be Mindful Online (Zugriff: 19. Oktober 2018). https://plumvillage.org/mindfulness-practice/mindful-apps/ [Zugriff: 22.6.2019].

3 Zu Nyanaponikas Ansatz siehe Nehring 2019.

4 Braun 2013; Turner 2009; Schober 2011; Sharf 1995, S. 228–283; Sarkisyanz 1965; Becka 1991, S. 10–11; Houtman 1990; Houtman o.J.; Conze 1956/2003; Cook 2010; Crosby 2013; Wilson 2014.

5 Gruber 2001; Batchelor 1994; McMahan 2008; Heine/Prebish 2003; Storhoff/Whalen-Bridge 2010; Baumann 1995, S. 17–42; Prebish/Baumann 2002.

Literatur

Analayo, B. (2010): Der direkte Weg – Satipaṭṭhāna. Aus dem Englischen übersetzt von Ilse Maria Bruckner. Beyerlein & Steinschulte, Stammbach.

Batchelor, S. (1994): The Awakening of the West. The Encounter of Buddhism and Western Culture. Parallax, Berkeley.

Baumann, M. (1995): Der Buddhismus im Abendland. Historische Entwicklung und gegenwärtige Präsenz. In: religio Nr. III,1, 1995, S. 17–42.

Becka, J. (1991): Buddhist Revival in Post-Independence Burma: A Study of Interaction of Religion and Politics. In: Stanislava Vavrouskova (Hg.): Religion and Society in India and Burma. Oriental Institute of the Czechoslovak Academy of Sciences, Prag, S. 10–11.

Boisvert, M. (1995): The Five Aggregates. Understanding Theravada Psychology and Soteriology. Wilfried Laurier University Press, Waterloo/Ontario.

Braun, E. (2013): The Birth of Insight: Meditation, Modern Buddhism, and the Burmese Monk Ledi Sayadaw. University of Chicago Press, Chicago.

Conze, E. (1956/2003): Buddhist Meditation. Dover Publications, Mineola / New York.

Cook, J. (2010): Meditation in Modern Buddhism. Renunciation and Change in Thai Monastic Life. Cambridge University Press, Cambridge.

Crosby, K. (2013): Traditional Theravada Meditation and its Modern-Era Suppression. Buddha-Dharma Centre of Hong Kong, Hong Kong.

Ehrenberg, A. (2015): Das erschöpfte Selbst. Depression und Gesellschaft in der Gegenwart. 2., erweiterte Aufl. Campus, Frankfurt am Main.

Erber, E. (2011): Achtsamkeit und Intersein. Der Buddhismus bei Thich Nhat Hanh. LIT, Wien/Berlin.

Gruber, H. (2001): Kursbuch Vipassana. Wege und Lehrer der Einsichtsmeditation. Fischer, Frankfurt am Main.

Gruber, H. (2002): Die Achtsamkeits- bzw. Einsichtspraxis Vipassanâ, eine Kernmeditation und -tradition. In: Buddhismus in Geschichte und Gegenwart, Band VII. Universität Hamburg. https://www.buddhismuskunde.unihamburg.de/publikationen/2-buddhismus-in-geschichte-und-gegenwart. html (http://www.buddha-heute.de/downloads/vipassana.pdf) [Zugriff: 22.6.2019].

Heine, S. / Prebish, C. S. (Hg.) (2003): Buddhism in the Modern World. Adaptations of an Ancient Tradition. Oxford University Press, Oxford.

Houtman, G. (1990): Traditions of Buddhist Practice in Burma. Unveröffentlichte PhD Thesis, School of Oriental and African Studies, London University, London.

Houtman, G. (o.J.): Vipassana in Burma. Self-government and the Ledi anapana tradition. In: Bronkhorst; Bäumer; Houtman et al.: Hindu, Buddhist and Daoist Meditation. Hermes Academic Publishing. https://www.academia. edu/5663548/Vipassana_in_Burma_Selfgovernment_and_the_Ledi_anapana_tradition [Zugriff: 22.6.2019].

Kabat-Zinn, J. (2006): Gesund durch Meditation. Das große Buch der Selbstheilung. S. Fischer, Frankfurt am Main.

Klein, M. (2018): Hör mir auf mit Achtsamkeit. In: Zeit-online, 11.3.2018. https://www.zeit.de/wissen/gesundheit/2018–03/meditation-achtsamkeithype-anti-stress-depression-psychologie [Zugriff: 22.6.2019].

Knoblauch, H. (2009): Populäre Spiritualität. Auf dem Weg in eine Spirituelle Gesellschaft. Campus, Frankfurt am Main / New York.

Linehan, M. (1996): Trainingsmanual zur Dialektisch-Behavioralen Therapie der Borderline-Persönlichkeitsstörung. CIP-Medien, München.

McMahan, D. (2008): The Making of Buddhist Modernism. Oxford University Press, Oxford.

Metzinger, T. (2009): Der Ego-Tunnel. Eine neue Philosophie des Selbst: Von der Hirnforschung zur Bewusstseinsethik. Berlin Verlag, Berlin.

Nehring, A. (2019): Europäische Religionsgeschichte. Achtsamkeit im globalen Diskurs. In: Michael Meyer-Blanck (Hg.): Christentum und Europa. XVI. Europäischer Kongress für Theologie (10.–13. September 2017 in Wien). Evangelische Verlagsanstalt, Leipzig, S. 748–762.

Nehring, A. / Ernst, C. (2013): Populäre Achtsamkeit. Kulturelle Aspekte einer Meditationspraxis zwischen Präsenzerfahrung und implizitem Wissen. In: Christoph Ernst und Heike Paul (Hg.): Präsenz und implizites Wissen. Zur Interdependenz zweier Schlüsselbegriffe der Kultur- und Sozialwissenschaften. transcript, Bielefeld, S. 373–404.

Prebish, C. S. / Baumann, M. (Hg.) (2002): Westward Dharma. Buddhism beyond Asia. University of California Press, Berkeley.

Sarkisyanz, E. (1965): Buddhist Backgrounds of the Burmese Revolution. Springer, Den Haag.

Sauer, S. (2011): Wirkfaktoren von Achtsamkeit. Wirkt Achtsamkeit durch Verringerung der affektiven Reaktivität? Asanger, Kröning.

Schober, J. (2011): Modern Buddhist Conjunctures in Myanmar. Cultural Narratives, Colonial Legacies, and Civil Society. University of Hawai'i Press, Honolulu.

Sharf, R. H. (1995): Buddhist Modernism and the Rhetoric of Meditative Experience. In: Numen 42, No. 3 (Oct. 1995), S. 228–283.

Singer, W. / Ricard, M. (2008): Meditation und Hirnforschung: ein Dialog. Suhrkamp, Frankfurt am Main.

Storhoff, G. / Whalen-Bridge, J. (2010): American Buddhism as a Way of Life. Suny, Albany.

Thich Nhat Hanh (1992): Umarme deine Wut. Sutra der Vier Verankerungen der Achtsamkeit. Theseus, Stuttgart.

Thich Nhat Hanh (1998): The Heart of the Buddha's Teaching: Transforming Suffering into Peace, Joy and Liberation. Parallax, Berkeley 1998 (Dt.: Das Herz von Buddhas Lehre: Leiden verwandeln – die Praxis des glücklichen Lebens. 8. Aufl. Herder, Freiburg im Breisgau 2004).

Turner, A. (2013): Buddhism, colonialism and the Boundaries of Religion. Theravada Buddhism in Burma 1885–1920. Unveröffentlichte PhD Thesis, Chicago.

Van der Veer, P. (2014): The Modern Spirit of Asia. The Spiritual and the Secular in China and India. Princeton University Press, Princeton.

Waldron, W. S. (2006): The Buddhist Unconsciousness. The alaya-vijnana in the context of Indian Buddhist thought. Routledge, London.

Wallace, A. B. (2007): Contemplative Science. Where Buddhism and Neuroscience Converge. Columbia University Press, New York.

Wilson, J. (2014): Mindful America: The Mutual Transformation of Buddhist Meditation and American Culture. Oxford University Press, Oxford / New York.

Žižek, S. (2001): Die gnadenlose Liebe. 24. Aufl. Suhrkamp, Frankfurt am Main.

Internetadressen

www.apple.com/de/ios/health [Zugriff: 22.6.2019].

www.blumenwiesen.de [Zugriff: 22.6.2019].

www.buddha-heute.de [Zugriff: 22.6.2019].

https://plumvillage.org/mindfulness-practice/mindful-apps/ [Zugriff: 22.6.2019].

Julia Helmke

Die Zukunft auf der Leinwand: Menschsein zwischen Kontrolle und Transformation
Von Mutanten, Diktaturen und digitalen Liebespaaren

Filme sind Emotionsmaschinen, Seismografen und kulturelles Speichermedium für das, was war, ist und sein wird. In Filmen wird die Zukunft virtuell ins Bild gebracht. In ihnen verdichtet sich das, was Menschen sich von der Zukunft erhoffen, vor allem auch das, was sie fürchten.

Anhand ausgewählter europäischer und US-amerikanischer Filmbeispiele aus dem vergangenen Jahrzehnt werden unterschiedliche Aspekte von Zukunftslust und Zukunftsangst reflektiert und auf Perspektiven und Ressourcen für gelingende Zukunftsgestaltung untersucht.

Dabei möchte ich einen Dreischritt machen. Zuerst einmal geht es mir darum, nachzuvollziehen, wie eng Zukunftsvorstellungen und Filmkultur miteinander verbunden sind. Dann möchte ich in einem Überblick unterschiedliche Zukunftsvisionen vorstellen, die das Kino uns anbietet und somit Zukunft in der Gegenwart sichtbar macht. Dies geschieht mittels eines kurzen Durchgangs durch die Filmgeschichte. Drittens will ich exemplarisch drei Kinofilme aus dem zeitgenössischen Filmschaffen vorstellen. Schon an dieser Stelle ist zu sagen, dass diese Zukunftsvisionen insgesamt eher düster sind. Man kann jedoch auch hier Spuren von dem entdecken, was Rainer Funk in seinem Beitrag »Liebe zum Leben – trotz allem!« (siehe S. 92–111 in diesem Band) bezogen hat auf Erich Fromms Unterscheidung von dem, was dem Leben dient, und dem, was dem Tod dient.

»Ich will einen Fluss ... einen nebligen, nebligen Fluss. Einen
Fluss der Träume. Die Themse, wie sie Whistler oder vielleicht
Turner gemalt hätten. Es muss nur ein realer Fluss sein, verstehst
du? Ein realer Fluss, der endlos fließt, der das Schicksal mit sich
trägt, das nie endende Schicksal des Lebens in seiner Strömung.
Ich muss diesen Strom sehen, den stummen Strom der Zeit und
des Schicksals mit all den Mysterien einer unvorsehbaren Zukunft, die man dort sehen und doch nicht sehen kann« (zitiert
nach: Holzapfel [2018]).

So schrieb es vor genau hundert Jahren einer der wichtigsten Pio-
niere der Filmgeschichte, der Regisseur David Wark Griffith, als er
nach einer Filmeinstellung für sein Werk *Broken Blossoms* (USA
1919) suchte.

Wie ist sie darstellbar, die Zukunft? Welche Bilder, welche Vorstellungen übermittelt »Zukunft«? Zukunft beinhaltet strukturell
eine Vorstellung von Raum, von Zeit, von bestimmten Inhalten
und auch von Transzendenz, also das, was Wirklichkeit überschrei-
tet. All das sind Vorstellungsbereiche, auf die der Film unterschiedliche Antworten anbietet, die in diesem Medium mit seinen technischen Möglichkeiten auf große Resonanz stoßen.

Von Beginn seiner Geschichte an war der Kinofilm, die Filmkultur eng verbunden mit der Zukunft. Film war Zukunft, ein Versprechen an eine Zukunft, in der Bilder sich bewegen und eingefangen
werden. In Filmen werden Träume real sichtbar. Ein Paradebeispiel
dafür ist der technische Fortschritt. Zukunft ist Fortschritt. Technischer Fortschritt und visuelle Darstellungsmöglichkeiten haben das
Kino groß gemacht und sind zugleich Inhalt vieler Filme.

Bereits in den ersten Jahren seiner Entwicklung kann Film
grundlegend in zwei Richtungen unterschieden werden. Das eine
sind Filme, die versuchen, Wirklichkeit abzubilden, d.h. doku-
mentarische und realistische Filme. Prototypisch hierfür stehen die

Namen der Geschwister Louis und Auguste Lumière, mit ihrem ersten bekannten Film *Die Ankunft eines Zuges auf dem Bahnhof in La Ciotat* (F 1895). Es ist einer der ersten Filme überhaupt, und der Legende nach rannten die Zuschauer aus dem Kino oder versteckten sich unter den Sitzen, aus Angst, von dem auf der Leinwand immer näher kommenden Zug überfahren zu werden, weil sie zwischen der Wirklichkeit auf der Leinwand und ihrer eigenen Realität nicht trennen konnten.

Daneben und in gewisser Hinsicht als Gegenpart ist George Méliès zu nennen, dem Jahrzehnte später Martin Scorsese in seinem wunderbaren Film *Hugo Cabret* von 2011 ein Denkmal gesetzt hat. Er war Zauberer, Illusionist und Filmproduzent und schuf 1902 mit seinem Film *Die Reise zum Mond* den ersten Zukunftsfilm, in dem er Motive von Jules Verne und H. G. Wells verband. Er begriff als Erster ein Grundprinzip der Science-Fiction: Die visuellen Möglichkeiten des Films machen die fantastischen Welten, die in der Literatur nur angedeutet werden können, zu großen Spektakeln.

Das Bild einer Rakete im Auge des Mondes wurde zu einer Ikone des frühen Kinos. Der Mensch, d. h. der Mensch im Kino kann Raum und Zeit durchqueren und überwinden. Er kann sich seine Welt, seine Zukunft selbst schaffen – auch wenn diese Zukunft hier ziemlich altertümlich und magisch wirkte in ihrer Mischung aus Faszination und Bedrohung. Der Film ist ca. 13 Minuten lang. Es gibt verschiedene Fassungen, koloriert und unkoloriert, mit erklärender Erzählstimme als Voiceover und unterschiedlicher Klavierbegleitung.

Im Vortrag auf der Tagung wurde der Ausschnitt gezeigt, in dem die Raumfahrer, gekleidet wie antike Magier, in eine Raumfahrtkapsel steigen und von einer Kanone Richtung Mond geschossen werden. Sie kommen dem Mond immer näher, der das Gesicht eines Mannes zeigt, und landen direkt in seinem Auge, steigen aus und freuen sich über das Wunder, eine neue Wirklichkeit zu entdecken. Eine Wirklichkeit, die in dem Kurzfilm wie eine Varietébühne mit fantastischen Kulissen erscheint.

Zukunftsvisionen – ein Gang durch die Filmgeschichte und die Film-Vorgeschichte

Das Filmgenre, das Zukunft explizit behandelt, ist vor allem der Science-Fiction-Film. Science-Fiction, wie wir sie heute kennen, ist ein Produkt des 19. Jahrhunderts. Das Zeitalter von Aufklärung, Industrialisierung und moderner Naturwissenschaft stellte das neuzeitliche Menschenbild infrage und ließ die Menschen mit Ambivalenz in die Zukunft blicken. Was würde der technische Fortschritt bringen? Der menschliche Wunsch, die eigenen Grenzen zu überwinden, ist alt und bereits in der Antike zu finden, und er ist natürlich auch ein Grundthema der großen Religionen.

1818 gibt die junge Mary Shelley ihrem ersten Roman den Titel *Frankenstein oder der moderne Prometheus* und schafft damit eines der ersten Werke der Science-Fiction-Literatur. Ihre Fragen sind die der Antike: Was ist der Mensch? Bleibt er Geschöpf oder kann er selbst zum Schöpfer werden? In Form einer klassischen Gothic Novel wird die Geschichte des Arztes Viktor Frankenstein erzählt, der aus Leichenteilen ein künstliches Wesen kreiert. Frankenstein wurde zum Urbild des »mad scientist«, der die von ihm entfesselten Kräfte nicht mehr zu beherrschen weiß (Deutsche Filmakademie / Bundeszentrale für politische Bildung o. J.).

In der zweiten Hälfte des 19. Jahrhunderts werden die archaischen Ängste zusehends überwunden, immer mehr öffnet sich die Science-Fiction-Literatur den zukünftigen und verheißungsvollen Welten. Der Gattungsterminus »Science-Fiction« ist 1851 erstmals verwendet worden, dem Jahr der ersten Weltausstellung in London. Der Begriff »Science-Fiction« verbindet Ideen des technisch Denkbaren mit spekulativer Fiktion. Science-Fiction spielt daher zumeist in der Zukunft oder in fiktiven Paralleluniversen. Aus dem Konflikt von Wissenschaftsglauben und Technikangst bezieht das Genre seine innere Spannung. Die gezeigten Zukunftstechnologien wirken auf das Publikum unheimlich, aber auch faszinierend. Hinter den Gefahren, vor denen gewarnt wird, steckt oft ein utopisches Potenzial: Die Gentechnik etwa träumt von der Vervollkommnung des Menschen; Reisen ins All erweitern den Horizont, selbst wenn sie scheitern.

Kino ist für diese Form von Ambivalenz prädestiniert: Im Kino kann wie im Labor die Auseinandersetzung mit dem sozialen und technischen Wandel geschaut und ausprobiert werden – ohne dass man selbst um sein Leben fürchten muss –, um sich eine Meinung darüber zu bilden, was nur gespürt und geahnt unter der Oberfläche ist und auf der Leinwand ans Licht kommt.

Filme sind gemäß dem katholischen Pastoraltheologen und Filmwissenschaftler Thomas Kroll Erlebnisorte, Spiegelkabinett und Andachtsraum zugleich (Kroll 2008). Sie wirken als Seismografen gesellschaftlicher, kultureller und auch religiöser Wahrnehmungen.

Schauen wir exemplarisch in die zweite Hälfte der 1920er Jahre, die aufgeregte Zeit der Weimarer Republik, die uns seit 2017 durch die ARD-Serie *Babylon Berlin* nähergebracht wird. In diesen 1920er Jahren entstand auch eines der ersten filmischen Großprojekte dystopischer Zukunftsvisionen: Der Film *Metropolis* (D 1927), ein Meilenstein der Filmkultur und auch heute noch sehenswert. Es sind Bilder, die es in das kollektive Gedächtnis und unser kollektives Unbewusste geschafft haben. *Metropolis* zeigt eine Stadt in unbestimmter näherer Zukunft, in der die Oberklasse rücksichtslos über die Arbeiterschaft herrscht. Es gibt eine Oberstadt mit gewaltigen Hochhäusern, die in den Himmel ragen, und eine Unterstadt mit Fabrikhallen, eine Art »Maschinenraum« der Wirklichkeit, dessen Eingang als Höllenschlund, als aufgerissenes Maul, das die Menschen verschluckt und wieder ausspuckt, inszeniert wird. Gewaltige Maschinen und futuristische Bildtelefone sind Symbole der Macht, die schließlich durch einen Arbeiteraufstand und eine die Klassen überwindende Liebe gebändigt wird.

William Cameron Menzies' *Was kommen wird* (GB 1936), nach einem Drehbuch von H. G. Wells als bewusste Antwort auf *Metropolis* entworfen, entwickelte das Gegenmodell einer technokratischen Utopie, in der die rationale Herrschaft der Ingenieure das menschliche Chaos ordnet und soziale Widersprüche tilgt. Beide

Filme haben eine moralische bzw. propagandistische Ebene. Sie spiegeln die raschen Entwicklungen wider, die in dieser Zeit technisch möglich wurden, nehmen die gesellschaftlichen Diskussionen und Unsicherheiten auf, auch die Diskussionen um das Menschenbild.

Aus Zeitgründen kann ich leider keinen vertieften Durchgang durch die gut hundert Jahre Filmgeschichte machen, so reizvoll es auch sein würde, unter der Perspektive dieser Tagung hier Quer- und Längsschnitte zu machen. Einige Linien möchte ich aufzeigen, da sie sich auch im gegenwärtigen Filmschaffen wiederfinden. Auffällig ist, dass gerade die zu Klassikern / Referenzwerken gewordenen Filme, die Zukunft sichtbar machen, auf literarischen Vorlagen basieren und hier auch auf einige wenige Autoren zurückzuführen sind.

Mit Blick auf die ersten Jahre dieses 21. Jahrhunderts ist zu konstatieren, dass einige der literarischen Klassiker in den letzten Jahren nun eine Wiederauflage erleben, das heißt, dass Remakes und Neuinterpretationen gedreht werden. Dies bedeutet zugleich, dass Filmemacher*innen die Wahrnehmung haben, dass Geschichte sich wiederholt und die Themen, die vor hundert Jahren gesellschaftspolitisch aktuell waren, auch jetzt wieder aktuell sind. Das betrifft vor allem Filme, die sich mit dystopischen Zukunftsvorstellungen auseinandersetzen. Hier gilt, was ebenso für den Bereich Literatur zu konstatieren ist: Dystopien sind *in*. Oder wie die jüngere Autorin Helene Hegemann im *Zeitmagazin* im September 2018 berichtet: »Alle Jungautoren in Deutschland schreiben gerade Dystopien« (Hegemann 2018, S. 17). Wie sich dies im filmischen Schaffen und in der Filmkultur des letzten Jahrzehnts zeigt, darauf werde ich noch eingehen. Drei große Themenbereiche und Fragen kann man identifizieren:

1. Was machen Maschinen und die Entwicklung der Robotik mit Menschen und der Gesellschaft?
2. Was bedeutet Künstliche Intelligenz für die Individuen und unsere Gesellschaft?
3. Welche Gesellschaftsform wird die nächsten Jahre prägend

sein? Bzw. bereits wertend: Was bedeuten totalitäre Gesellschaftssysteme für Individuen und das gemeinsame Zusammenleben? Oder noch expliziter: Wie bedrohen totalitäre Gesellschaftssysteme die Vielfalt und Fülle von Menschsein (und inwieweit ist das von außen oktroyiert oder sogar geduldet oder gewollt)?

Oder noch einmal aus einer etwas anderen Perspektive betrachtet:
- Wann ist Zukunft? – Chronologische Perspektive.
- Wo ist Zukunft? – Topografische Perspektive.
- Wie ist Zukunft? – Soziostrukturelle Perspektive.

Die bewegten Bilder über dystopische Gesellschaftssysteme sind die, welche im Moment quantitativ von der Filmproduktion – gerade auch im Bereich der Serien – das sichtbarste und virulenteste Thema sind; dem Medium Film inhärent ist vor allem die Frage nach Digitalisierung und Technisierung der Welt. Bleibend interessant ist die Frage nach dem Outerspace, die Neugierde auf das, was außerhalb der irdischen Realität real ist.

1. Chronologische Perspektive: Wann ist Zukunft? Die Reise in die Zukunft oder:»Tausend Jahre wie ein Tag« (2. Petrus 3,8 bzw. Psalm 90,4)
In der Wissenschaft gelten Zeitreisen als allenfalls theoretisch möglich. In der Realität bleiben sie ein beliebtes Gedankenspiel: Das menschliche Hirn unternimmt ständig Zeitreisen, meist in Form der Erinnerung an die eigene Vergangenheit oder die Menschheitsgeschichte, aber auch als Vorstellung von der möglichen Zukunft. Aus diesem Grund sind auch in der klassischen fiktionalen Erzählung, mithilfe von Rück- und Vorausblenden, Sprünge in der Chronologie gang und gäbe. Diese Verschränkung von Zeitebenen, gekoppelt mit einer Verschränkung der Raumebene, gibt es auch im ersten Beispiel, *Die Reise zum Mond*. Die Chance, die Film bietet, ist, dass die»Traummaschine Kino«Wirklichkeit generiert: Geläufige Metaphern, wie die der Zeitreise, werden grundsätzlich wörtlich genommen.

Da ist zum einen die pure Lust am Reisen in der Zeit, das Überwinden einer linearen Zeitvorstellung, das der Schriftsteller Herbert George Wells (1866–1946) mit seinem Roman *Die Zeitmaschine* (1895) aufnimmt. *Die Zeitmaschine* ist der wohl wichtigste Zeitreiseroman. Ein Wissenschaftler des 19. Jahrhunderts reist darin ins Jahr 802 701 n. Chr., wo er die in zwei Arten gespaltene Menschheit in einem Zustand der Degeneration vorfindet. Da gibt es die amenschlichen Morlocks, die unter der Erde hausen und alle Arbeiten übernehmen, und die zarten, vegetarischen und friedfertigen Eloi, die arbeitsfrei sind, aber dadurch auch nicht klüger werden und von Zeit zu Zeit sich den kannibalistischen Morlocks als Opfer darbringen (müssen) – eine Pervertierung und Kritik der von Wells erlebten Zwei-Klassen-Gesellschaft. In der bekannten Verfilmung *The Time Machine* (*Die Zeitmaschine*, USA 1960, R: George Pal) gerät der Zeitreisende zusätzlich in die Kämpfe des Ersten und Zweiten Weltkriegs. Zurück in seiner eigenen Zeit, berichtet er davon, ohne dass ihm geglaubt wird.

Wird die Zukunft besser, oder wird darin alles schlechter und grausamer? Das ist eine der Grundfragen. Den fantastischen Gegenpol dieser pessimistischen Erzählung bildet die Idee einer Maschine, die prinzipiell Reisen an jeden beliebigen Punkt des Zeitstrahls und zurück erlaubt. Die *Zeitmaschine* ist mehrfach verfilmt worden. Der Roman diente für die Filme als Ausgangspunkt der Frage, inwieweit Menschen in die Zukunft reisen, Zukunft gestalten und damit aktiv formen und verändern können, das heißt, ob die Zukunft vorgegeben oder veränderbar ist. Dazu gesellt sich die Frage: Wie aktiv, wie passiv erlebe ich Zukunft?

Die Bedrohung durch eine andere Wirklichkeit, andere Welten nimmt H. G. Wells wenige Jahre später bei seinem noch einflussreicheren Roman *Krieg der Welten* (1898) auf: 1938 wird dies vom Regisseur Orson Welles zu einem aufsehenerregenden Hörspiel und 1953 als *The War of the Worlds* (Dt.: *Kampf der Welten*, USA 1953, R.: Byron Haskin) verfilmt und liefert das Grundmuster für viele weitere Filme: Technisch hoch entwickelte Außerirdische vom Mars landen auf der Erde und drohen der Menschheit mit Vernichtung.

Krieg der Welten handelt eher von einer näheren Zukunft, die von Wesen/Spezies aus anderen Welten bedroht wird, und wo es darum geht, ob es für Menschen und die Welt überhaupt eine Zukunft geben wird oder etwas geschieht, was Zukunft verhindert. In anderen Science-Fiction-Filmen gelingt es der fremden Macht außerdem, die Menschen ihres freien Willens zu berauben. Die körperliche Hülle, innerlich seelenlos und vom Denken der Aliens besetzt, dient nur noch zur Tarnung. Wem kann ich noch trauen? Die Frage, wer das eigene Leben bestimmt, wird auch heute wieder, zum Teil kapitalismuskritisch, gestellt, wobei eher innerweltliche als außerweltliche Kräfte als Bedrohung angesehen werden.

Historisch ist eine Hochphase dieser Invasionsfilme die Zeit des Kalten Krieges. Wenn man diese Filme analysiert, kann man beides erkennen: Einerseits und vordergründig ist dies antikommunistische Propaganda, immerhin kommt die Gefahr vom »roten Planeten« Mars! Andererseits wird in diesen Filmen auch die McCarthy-Ära kritisiert, eine Zeit, in der die Infiltrierung der US-Bevölkerung durch sowjetische Ideen gefürchtet wurde und die Bekämpfung »unamerikanischer« Aktivitäten paranoide Züge entwickelte. Wann beginnt Zukunft und wann endet Gegenwart? Auch heute werden gerade in der amerikanischen wie auch russischen Politik wieder bewusst Feindbilder geschürt und Zukunftsvisionen entworfen, die vor einer Zerstörung durch »Überfremdung« warnen und ihr Heil in einer Renationalisierung und der Konzentration auf das »Eigene« suchen.

2. Topografische Perspektive: Wo ist Zukunft? Die Zukunft liegt außerhalb der Erde oder: »Wir haben hier keine bleibende Stadt« (Hebräer 13,14)

Das Weltall wird zum Aufenthaltsort in der Zukunft bzw. es wird durch das, was aus ihm zu uns kommt, die menschliche Zukunft verändern.

Für Ersteres, aber eigentlich für alles, was es im Bereich Zukunftsvisionen in den letzten Jahrzehnten und bis heute gibt, steht Stanley Kubrick mit seinem Meisterwerk *2001: Odyssee im Welt-*

raum aus dem Jahr 1968. Er verbindet die durchaus realistisch anmutende Darstellung des Lebens auf einer Raumstation mit einer Fülle philosophischer Menschheitsfragen. Sehr früh nimmt er das auf, was heute auf verschiedenen Ebenen diskutiert wird: Inwieweit machen wir uns von Computern und Maschinen abhängig, inwieweit können wir von der Technisierung profitieren, inwieweit haben wir die Kontrolle aus unseren menschlichen Händen gegeben und inwieweit können und sollen Maschinen und technische Geräte vermenschlicht werden, ja – wo genau verläuft die Grenze zwischen Mensch und Maschine? Bei dem Film *2001* ist dies in herausgehobener Weise der Computer HAL. Er ist der Stolz der Ingenieure und Weltraumreisenden, unabdingbar für die Reise durch das Weltall. Er entwickelt jedoch ein Eigenleben, wird immer neurotischer, kontrolliert die Wissenschaftler und versucht sich ihrer zu entledigen, um seine Mission allein zu erfüllen. In einer wahrlich seltsam berührenden Szene schalten die Menschen den Computer, dem sie ihrerseits Fehler vorwerfen, ab. Er kämpft um sein künstliches Leben, wimmert wie ein Mensch, ein Tier, bis er schließlich verstummt. Daneben zeigt *2001: Odyssee im Weltraum* die Faszination des Weltraums, seine Stille, seine abgründige und grenzenlose Schönheit, die zum Fürchten ist.

Wenige Jahre nach diesem Meisterwerk schafft Andrei Tarkowskij nach der literarische Vorlage von Stanisław Lem eine weitere Zukunftsvision: *Solaris* (RUS 1972). Hier wird auf der Suche nach Lebensraum für die Menschen in der Zukunft ein Planet entdeckt, dessen Ozean Erinnerungsbilder generiert, die real werden und Menschen in den Wahnsinn treiben. Wie beeinflusst das Verhalten in der Vergangenheit die Zukunft – sowohl des Individuums als auch der Gesellschaft? Beide Filme begründen eine Tradition des poetischen Weltraumfilms mit Werken wie *Moon* (GB 2009), *Gravity* (USA 2013), mit der Frage nach dem Kontakt mit dem Weltraum wie *Arrival* (USA 2016) oder der Frage nach Lebensmöglichkeiten dort mit einem Filmkunstwerk wie *Interstellar* (USA 2014) von Christopher Nolan.

3. Soziostrukturelle Perspektive: Wie ist Zukunft?

Wie gestaltet sie der Mensch, die menschliche Gesellschaft? Ist sie Paradies oder Hölle? Diese Frage beschäftigt viele Kinofilme, und die überwiegende Antwort ist: Die Zukunft ist dystopisch. »Dystopie« ist sozusagen die dunkle Seite der Utopie (griech. »Nicht-Ort«), seit Thomas Morus' Abhandlung *Utopia* (1516), dem Versuch einer gerechten und für alle Bewohner*innen idealen Gesellschaft.

Filme brauchen eine Dramaturgie, damit sie Zuschauende finden. Dramaturgie bedeutet oft auch Drama, es bedeutet jedenfalls Konflikte, Reibung durch Gegensätze, selbst in Komödien, damit es spannend wird und bleibt. Die Idee einer konfliktfreien Gesellschaft ist dramaturgisch kaum ergiebig, auch aus diesem Grund entpuppen sich utopische Entwürfe meist als Albträume. Weit häufiger finden sich pessimistische Zukunftsvisionen in Form der Dystopie. Häufige Merkmale sind totalitäre Herrschaftssysteme, die Ausbeutung ärmerer Schichten durch eine privilegierte Klasse, Ressourcenknappheit, Umweltverschmutzung und eine allgemeine Hoffnungslosigkeit. Als Warnung vor Fehlentwicklungen spiegeln sich in Dystopien oft reale politische und soziale Missstände der Gegenwart. So nahm bereits *Metropolis* (1927) Bezug auf das soziale Elend in der Weimarer Republik, die einschüchternde Wolkenkratzerarchitektur lässt sich zudem als Warnung vor einer »Amerikanisierung« der deutschen Gesellschaft verstehen.

Es sind vor allem drei Klassiker der dystopischen Literatur, die verfilmt und in den letzten Jahren auch teils neu verfilmt bzw. in Teilen adaptiert worden sind. Das ist zum einen und wohl am bekanntesten der 1949 veröffentlichte Roman *1984* von George Orwell. Die gleichnamige Verfilmung von Michael Radford, im Jahr der Handlung 1984 erschienen, blieb der Vorlage treu. Gezeigt wird ein totalitärer Überwachungsstaat, regiert vom unsichtbaren »Großen Bruder« (»Big Brother«). Das Reich Ozeanien befindet sich in einem permanenten Krieg, über den das »Ministerium für Wahrheit« ausschließlich Lügen verbreitet. Absurde Kommunikationsnormen wie »Neusprech« und »Doppeldenk« dienen der

Gedankenkontrolle, der sich der Held Winston zu entziehen versucht.

Dazu gehört auch Aldous Huxleys Roman *Brave New World* (Dt.: *Schöne neue Welt*) von 1932, in dem eine Welt vor Augen geführt wird, in der die Menschheit in Kasten eingeteilt wird und Drogen dazu dienen, starke echte Emotionen oder auch freien Willen zu verhindern. Eine Welt, in der Menschen der Kraft der Gefühle nicht mehr trauen. Es sind literarische Vorlagen und Filme, in denen oft auch die Rolle der Medien/Massenmedien eine wichtige und unrühmliche Rolle spielen.

Dafür steht zudem *Fahrenheit 451* von Ray Bradbury, 1953 als Roman veröffentlicht, 1966 von François Truffaut mit Oskar Werner und Julie Christie erstmals verfilmt und 2018 in den USA wiederverfilmt (R.: Ramin Bahrani). Ausgangspunkt ist eine Gesellschaft, in der Bücher verboten sind, da sie unruhig oder traurig machen, wider die Ordnung sind. Hauptfigur ist der »Feuerwehrmann« Montag, dessen Aufgabe es nicht ist, Feuer zu löschen, sondern Bücher aufzuspüren und zu verbrennen.

Ein viertes Werk, das vielleicht noch kein Klassiker ist, aber wohl werden wird, ist der Roman der kanadischen Schriftstellerin Margaret Atwood *The Handmaid's Tale* (Dt.: *Der Report der Magd*) von 1985. Er wurde 1990 von Volker Schlöndorff verfilmt und hat seit 2017 eine fulminante Wiederauflage erlebt durch die vielfach ausgezeichnete US-amerikanische Serie *The Handmaid's Tale*, von der zurzeit die 3. Staffel ausgestrahlt wird.

Worum geht es – und ich werde hier etwas ausführlicher: Die USA wird von einer christlich-fundamentalistischen Sekte/Bewegung beherrscht. Der Grund, dass sie an die Macht kam: Viele Frauen wurden unfruchtbar, konnten keine Kinder mehr gebären. Die Bevölkerung ist, so wurde suggeriert, vom Aussterben bedroht, und so übernimmt die Bewegung die Macht und errichtet den Staat Gilead mit einem totalitären Regime. Ab jetzt gelten Regeln der Über- und Unterordnung; alle gebärfähigen Frauen, die sich nicht der Gedankenwelt von Gilead anschließen, werden versklavt und als Gebärmaschinen missbraucht für die herrschenden Männer und ihre unfruchtbaren Frauen, die schmückendes Beiwerk ihrer Männer sind.

Es ist ein feministischer Roman, der seit 2017 als Serie neu verfilmt wird und bei der nun das Augenmerk darauf gelegt wird, wie sich ein System installiert, das eine alternative Wirklichkeit aufbaut. Die Hauptperson der Serie ist die junge Frau Desfred, der Freiheit, Familie, Name – und damit ihre individuelle Würde – genommen wurde. Zuerst passt sie sich an, versucht dann jedoch zu revoltieren, um ihre Freiheit wiederzuerlangen, für sich und die Gesellschaft.

Hier wird ein Muster aufgenommen, das zurzeit in vielen weiteren Filmen, die vor allem aus dem Bereich der Jugend- und Junge-Erwachsenen-Literatur stammen, variiert wird: Es hat sich eine Machtstruktur etabliert, in welcher der oder die Einzelne nichts ist, gehorchen muss, wo das Recht des Stärkeren gilt. Am bekanntesten ist die Trilogie *Die Tribute von Panem*, verfilmt 2012–2015 nach der sehr erfolgreichen Romanvorlage von Suzanne Collins. Beschrieben wird eine Zukunftsdiktatur, die Jugendliche modernen Gladiatorenkämpfen aussetzt. Typisch für Filme dieses Musters ist auch die Figur des Erlösers oder der Erlöserin, die die Verblendungsmechanismen der »schönen neuen Welt« durchschaut und die Umstände bekämpft. Weitere ähnliche Filmreihen sind *The Maze Runner* (Dt.: *Die Auserwählten – Im Labyrinth*), nach den Romanen von James Dashner, und *The Divergent* (Dt.: *Die Bestimmung*), basierend auf den Romanen von Veronica Roth. Aus letzterem Werk, von Regisseur Neil Burger mit Shailene Woodley, Theo James und Kate Winslet im Jahr 2014 verfilmt, möchte ich näher auf die Eröffnungsszene eingehen:

Der Film spielt im Chicago einer unbestimmbar nahen oder ferneren Zukunft. Nach einer nicht näher definierten Katastrophe sind die Menschheit und die Erde mehrheitlich zerstört. Um Chicago ist ein schützender Ring gezogen worden und in der Stadt ist ein System von Fraktionen installiert, die alle eine bestimmte Aufgabe verantworten und so zum friedlichen Zusammenleben beitragen. Jeder Jugendliche muss sich einer dieser Fraktionen zuordnen, zumeist ist es die Gruppierung, in die er oder sie hineingeboren worden ist. Wer sich nicht zuordnet oder seine Bestimmung nicht kennt, wird heimatlos und rechtlos. Alles unterliegt einer Normierung, die Chaos und Krieg und das Böse in der Welt scheinbar ausgleicht und minimiert.

In der Eröffnungsszene sehen wir zuerst ein verlassenes Schiff in einer natürlichen Brache außerhalb des schützenden Stadtrings. Es wirkt wie eine gestrandete Arche Noah, plakatives Sinnbild für bedrohtes und gerettetes Leben, dann zoomt die Kamera auf die Stadt, die einer Trümmerlandschaft gleicht und in der Menschen geordnet einem Alltagsleben nachgehen. Ein recht primitives Leben mit Ackerbau, Rechtsprechung auf den Plätzen der Stadt, ausrangierten Vorstadtzügen und zugleich mit futuristischen Elementen von perfekter Überwachung und Biotechnologie. Wir sehen die Heldin des Films, Tris, die ihren Ort und ihren Weg ins Leben sucht und nicht weiß, welche Bestimmung sie in sich trägt. *The Divergent* ist ein Film von und für Heranwachsende, die sich fragen, in welche Welt sie hineinwachsen und inwieweit sie Gegenwart und Zukunft mitgestalten können oder diese erleiden müssen.

Nicht zufällig ist, dass es oft junge Frauen sind, die die Heldinnenrolle übernehmen. Kino ist hier ein Seismograf, gerade auch, was Zukunftsvisionen angeht. Die Ängste, die gesellschaftlich zu spüren sind, vor totalitären Herrschaftssystemen, vor nuklearer Vernichtung, vor Umweltzerstörung und Klimawandel, den Auswirkungen von Genmanipulationen, dem Ausbruch von Seuchen etc., werden in den Filmen der letzten Jahrzehnte immer wieder als Visionen, zum Teil als Endzeitvisionen, als postapokalyptische Vorstellungen aufgenommen. Die Möglichkeiten politischen Handelns und Widerstands sind nicht mehr gegeben, der Kampf gilt dem nackten Überleben. Als Name für einen Regisseur ist hier z. B. Roland Emmerich zu nennen, dazu kommen prägende Filme wie *I am Legend* (USA 2007), *Stadt der Blinden* (BRA/JPN/CAN 2008) oder *Contagion* (USA 2011).

Was ist der Mensch? – Die Schöpferkraft und Begrenztheit des Menschen oder:»Gott schuf den Menschen zu seinem Bilde, zum Bilde Gottes schuf er ihn« (Gen 1,27a)

Mit Frankensteins Monster und dem Maschinenmenschen aus *Metropolis* standen künstliche Wesen am Anfang der Science-Fiction. Zwischenzeitlich fast verschwunden, sind sie heute kaum mehr wegzudenken. In modernen Science-Fiction-Filmen wimmelt es von mechanischen Robotern, genetisch erzeugten Androiden und von Cyborgs, besonders spektakulären Wesen aus einer Mischform von organischen Anteilen und maschinellen Prothesen. Im Zeitalter von Gen- und Biotechnik und der durchgehenden Digitalisierung des Alltags – inklusive implantierter Datenchips im menschlichen Körper – erscheinen sie kaum mehr als Utopie. Was definiert das Menschsein, ist die Frage, die das Kino von Beginn an interessiert und in den vergangenen Jahren – und wohl auch in den kommenden – zu Antwortversuchen auf der Leinwand inspiriert hat.

Wichtige Meilensteine der Filmgeschichte sind ab den 1980er Jahren Filme wie der visuell überragende *Blade Runner* (USA 1982) von Ridley Scott, der im Jahr 2019 spielt und in dem Replikanten, Androiden und Menschen miteinander kämpfen. Die 1990er Jahre gehen noch einen Schritt weiter und simulieren Wirklichkeit(en). Bereits vor dem Aufkommen von Computerspielen wie *Second Life* oder dem Erfolg der sogenannten sozialen Medien verschwimmt die Grenze von Realität und Virtualität. Filme wie *Total Recall* (USA 1990, R.: Paul Verhoeven) und Cronenbergs *eXistenZ* (CAN/GB 1999) entwerfen hyperrealistische Spielsimulationen, in denen die Frage nach Realität oder Fiktion über das Filmende hinaus offenbleibt. In *eXistenZ* legen sich Menschen selbst Schnittstellen/Modems, so dass sie sich mit anderen Spielern und Konsolen verbinden können.

Im selben Jahr schaffen die Wachowski-Brüder mit *Matrix* (USA/AUS 1999) einen Film, der die gesamte Science-Fiction revolutionieren wird. Auf *Matrix* gehen auch Filme zurück, die sich wie *Inception* (GB/USA 2010, R.: Christopher Nolan) in die Welt der Träume und Erinnerungen begeben, also den »*inner space*« der menschlichen Psyche. In *Matrix* ist die Welt der Maschinen die eigentliche Realität, während sich die bisher bekannte Welt als technisch erzeugte digitale Illusion entpuppt. Die sich nur scheinbar frei bewegenden Menschen, sind in Wahrheit bewusstlos und werden von einer künstlichen Intelligenz als Batterien benutzt, ihre Gedanken sind reine Simulation. Nur einzelnen Aufständischen gelingt es, gegen dieses System aufzubegehren.

Im 21. Jahrhundert geht die Entwicklung weiter. Die Zukunft ist nicht mehr nur im Kino sichtbar, sondern in der Realität angekommen. Technische Hilfsapparate umgeben die Menschen; Haushalts-, Pflege- und sogar Segensroboter sind alltagstauglich. Die Weiterentwicklung von künstlicher Intelligenz findet nicht mehr nur in Laboren statt, sondern konkurriert mit der menschlichen Intelligenz. Die umfassende Transformation, die sich durch die alle Lebensbereiche betreffende Digitalisierung ankündigt – dies alles sind Themen zeitgenössischer Filmkunst.

Zwei Filme möchte ich noch vorstellen, die beide Oscargewinner sind und vielfach in diesem Zusammenhang zitiert werden. Dies ist zum einen *Ex Machina* des britischen Regisseurs Alexander Garland von 2015 und *Her*, eine Liebesgeschichte des amerikanischen Regisseurs Spike Jonze aus dem Jahr 2013.

Ex machina

Das »Deus« fehlt im Titel ... und das ist auch ein immanentes Thema. Wer ist Schöpfer, wer ist Geschöpf, wer zieht Grenzen, wer gibt Orientierung?

Zur Geschichte und zum Film: Der junge Programmierer Caleb arbeitet bei einer Internetsuchmaschinenfirma und gewinnt ein firmeninternes Preisrätsel: Er darf eine Woche lang den charismatischen, zurückgezogenen Gründer der Firma besuchen. Nathan, so heißt er, wohnt in einem Chalet auf dem Land, einer Art Hochsicherheitsferienhaus. Er verrät dem jungen Programmierer, dass er an künstlicher Intelligenz arbeitet und Caleb seine Schöpfungen, seine Versionen testen soll: wie weit ihr Denkvermögen geht, ob sie

Bewusstsein haben oder es nur vortäuschen – eine Woche lang, jeden Tag eine Session, eine Diagnostik, dem Turing-Test folgend. Caleb lässt sich darauf ein, und er beginnt etwas zu empfinden für dieses Wesen, diese Maschine, die sich wie eine Frau anzieht und auch so aussieht. Die Themenfelder kreisen um Kontrolle und Emotionen, um die Sinnfrage und das Bewusstsein. Der Erfinder Nathan stellt bei der Reflexion der Session an Tag 5 fest, dass die Menschen bald von den künstlichen Intelligenzen überholt und von diesen dann als Steinzeit-Intelligenz belächelt werden. Bedrohung und Faszination halten einander die Waage.

Und welche Rolle spielt der Körper, die Körperlichkeit, die Greifbarkeit? Ist eine Beziehung von Mensch und Maschine möglich? Dies ist das Thema bei dem dritten ausgewählten und letzten Film, den ich Ihnen vorstellen will.

Her

Theodore Twombly, ein sympathischer New Yorker, ein Literat, der seinen Lebensunterhalt als professioneller handschriftlicher Briefeschreiber verdient, ist orientierungslos, fragil. Er reagiert auf das Angebot, sich ein Computersystem zu kaufen, das etwas ganz Besonderes schafft: Ordnung im Chaos, im Chaos eines Computers mit vielen Mails und Ordnern, im Chaos eines einsamen Lebens in einer großen Stadt, in einer Sinnkrise.

Theodore kauft sich ein Operating-System mit Namen Samantha. Den Namen gibt sie sich selbst, als er sie danach fragt. Wir sehen den Beginn dieser Beziehung und wir sehen das Ende dieser Beziehung. Und es ist eine »richtige« Beziehung, jedenfalls für Theodore, der am Ende sagen wird, dass er noch nie so geliebt habe. Zu Beginn geht es um die Kontaktaufnahme, die gefühlte Überlegenheit des Menschen über »eine Computerstimme« – die sich im Laufe des Films verändert. Zwischendurch sehnt Samantha sich nach einem Körper, nach greifbarer Materialität, und fürchtet sich zugleich vor der Vergänglichkeit allen menschlichen Seins und auch vor der Begrenztheit des Menschen. Am Ende ist es das Operating-System, das sich von Theodore verabschiedet, ihn tröstet und sich in eine andere Wirklichkeit abschaltet. Die künstliche Intelligenz ist zu schlau für die Menschen, sie geht und der Mensch bleibt zurück. Verloren, gerettet, mit vielen Fragezeichen, klingelt Theodore nach Wochen apathischen Leidens bei seiner Nachbarin. Am Ende schauen sie vom Hochhausdach über die Stadt und in den Nachthimmel. Die Fragen bleiben. Die Zukunft liegt offen.

Schließen möchte ich mit einem biblischen Zitat, das Zukunft, Transzendenz und bewegte Lichtbilder verbindet:

»Wir sehen jetzt durch einen Spiegel in einem dunklen Bild; dann aber von Angesicht zu Angesicht. Jetzt erkenne ich stückweise; dann aber werde ich erkennen, gleichwie ich erkannt bin« (1. Kor 13,12).

Literatur

Deutsche Filmakademie e. V. / Bundeszentrale für politische Bildung (Hg.) (o. J.): »Science Fiction – Keep watching the skies!« Klassiker sehen – Filme verstehen. Eine Veranstaltungsreihe der Deutschen Filmakademie und der Bundeszentrale für politische Bildung, gefördert durch die Peter Ustinov Stiftung. Projekt einsehbar unter: https://www.filmklassiker-schule.de/wp-content/uploads/Filmklassiker_Material_Science-Fiction.pdf [Zugriff 7. 6. 2019].

Holzapfel, P. (2018): »Die Zukunft des Kinos« (Teil 6): 1915–1895 – Die Zeit der wiedererlangten Unschuld. https://www.filmdienst.de/artikel/fd216281/die-zukunft-des-kinos-teil-6-1915–1895-die-zeit-der-wiedererlangten-unschuld [Zugriff: 7. 6. 2019].

Kroll, T. (2008): Der Himmel über Berlin – Säkulare Mystagogie? LIT, Münster u. a. 2008, S. 25–32.

Radisch, I. / Cammann, A. (2018): Ein Blick hinter die schmutzigen Kulissen des Schreibens. Ein Werkstattgespräch mit Nino Haratischwili, Helene Hegemann, Michael Köhlmeier und Ursula Krechel. https://www.zeit.de/2018/41/schriftsteller-berufsbild-schaffensprozess-buecher-schreiben [Zugriff: 7. 6. 2019].

ANKE SEITZ

»Ich spiele, also werde ich«
Sandspiel als Zukunftsraum

Am Anfang war das Spiel. Die alten Mythen erzählen davon, dass die Welt sich einem »spell« verdanke, einem Zauber, einem Spiel – dem der Götter. In den Anfängen war die Welt also ein Spiel der Götter, waren die antiken Götter Spieler. Sie waren chaotisch, wild und grausam, aber auch ordnend und schön, mal weiblich, mal männlich. Spiele aus vorchristlicher Zeit dienten zur Erhaltung der Welt, zur Identifikation mit der kosmischen Ordnung. Im Olymp tummelte sich eine Anzahl gerade auch kindlicher Götter; dabei hat sich die Vorstellung zu dem Mythos verdichtet, dass die schöpferische Kraft des Kosmos sich in Kindgestalt, spielend, in der Welt darstellt (Jung/Kerényi 2012), wie Hugo Rahner es in seinem Werk *Der spielende Mensch* beschreibt: »Überall atmet in solchen Mythen die Ahnung, dass die Welt [...] aus einer weisen Freiheit, aus dem heiteren Nicht(s)müssen des göttlichen Genius aus der Hand eines Kindes hervorgegangen ist« (2008, S. 20). Heraklit einst sah die Weltzeit *(Äon)* als ein spielendes Kind – des Kindes sei das Königtum! Auch Platon meinte, der Mensch sei gut beraten, sein Leben spielend zuzubringen.

Gerald Hüther und Christoph Quarch beschreiben in ihrem Buch *Rettet das Spiel* (2017), wie der Homo oeconomicus den Homo ludens zusehends vertreibt, indem er die Spielwelt kolonialisiert und kommerzialisiert und den Spieltrieb zu einem Spiel*be*trieb verkommen lässt.

Dabei spielen Menschen schon so lange, wie es Menschen gibt! Ohne die spielerische Erkundung der in uns angelegten Potenziale hätten wir Menschen uns gar nicht weiterentwickeln können. Spiel ist, so Frederik Buytendijk, ein universelles und konstitutives Prinzip, beim Menschen, aber auch in der Natur, welche eine spielerische Gestaltenfülle und ein wunderbares Farbenspiel zeigt, spielerisch ist auch manch tierisches Verhalten: »Die Vögel singen viel mehr, als nach Darwin erlaubt ist« (Buytendijk 1959, S. 15).

Spiel ist aber nicht nur lebensstiftend, es ist auch kulturstiftend: Johan Huizingas *Homo ludens* verweist darauf, dass fast alle wichtigen Kulturerscheinungen in ihren Anfängen Spielcharakter hatten oder mit dem Wesen des Spiels verknüpft waren: »Kultur in ihren ursprünglichen Phasen wird gespielt. Sie entspringt nicht *aus* Spiel, wie eine lebende Frucht sich von ihrem Mutterleibe löst, sie entfaltet sich *in* Spiel und *als* Spiel« (1938/2004, S. 189). Viele Spiele lassen ein archetypisches Muster erkennen, z. B. Kreisspiele und -tänze.

Das Motiv des Spielens kann somit grundlegend als Ausgangspunkt jeder Entwicklung angesehen werden! (Nach Eugen Fink [1960] ist Spiel ein sogenanntes Grundphänomen des menschlichen Daseins.)

Was ist nun das Wesen des Spiels?

An einer Definition haben sich schon viele versucht! Definitionen könnten die Essenz des Spiels als einem Bereich zwischen Realität und Fantasie verfehlen. Spiel ist natürlich und universell, eine *conditio humana*, eine schöpferische Erfahrung. Im Spielen kann sich Kreativität entfalten. Und nur in der kreativen Entfaltung kann das Individuum sich selbst entdecken, so Winnicott (2002). Als Kreativität beschreibt er ein Tun, das aus dem Sein erwächst und nicht *re-aktiv* ist! Kreativität als zentrales Merkmal menschlicher Entwicklung zielt gemäß Winnicott auf das Erreichen der Phase eines »Ich bin« und auf die Aufrechterhaltung dieses Zustandes. Spielen wird als eine Tätigkeit angesehen, die ohne weiteren bewussten Zweck, aus Vergnügen an der Tätigkeit an sich ausgeübt wird und mit Lustempfindungen und Freude verbunden ist. Spiel ist also intrinsisch motiviert, ausgeübt um seiner selbst willen.

Die Neurobiologen Panksepp und Biven (2012) postulieren ein sogenanntes »PLAYsystem« als ein angeborenes System im Gehirn von Säugetieren, und zwar einem sehr alten Teil des Gehirns, und sagen, dass wir von Natur aus mit spielerischer Neugier ausgestattet sind, um mit der Welt in Interaktion zu treten. Das PLAYsystem ist nach ihrer Definition eines von sieben affektiven Systemen, die zum Überleben dienen, dabei spielt es vor allem für das soziale Lernen eine entscheidende Rolle. Doch auch Lerntheoretiker – z. B. Wygotzki (1933) – erklären, das Spiel sei der Prototyp eines jeglichen Erkenntnisprozesses. Jean Piaget (1986) betont hierbei die Erfahrung von Selbstwirksamkeit im Spiel. Hirnforscher beobachten beim Spielen eine verminderte Aktivität in der Amygdala, d. h. Spielen wirkt angstmindernd. Gleichzeitig beschreiben sie die Aktivierung verschiedener regionaler Netzwerke; beim Spielen entstehen also neue Verknüpfungen im Gehirn und die Belohnungszentren im Mittelhirn feuern – was mit Gefühlen der Lust und Freude verbunden ist. Spielen stärkt somit auch unsere Lebensfreude!

Spielen ist dem Wesen nach eine Suche, eine spielerische Erkundung der Welt, ihrer Gegebenheiten und Möglichkeiten. Dies geschieht spontan, um seiner selbst willen, völlig zweckfrei und ohne Ziel. Gadamer (1986) spricht davon, wie der oder die Spielende im Spielen aufgeht, er/sie lässt sich vollkommen ein, taucht ein: Kinder spielen nicht nur Prinz und Prinzessin, sie *sind* Prinz und Prinzessin! Dabei will das Spiel ernst genommen werden: Ernst sucht Spiel auszuschließen, Spiel jedoch kann sehr wohl den Ernst in sich einschließen, so Huizinga (1938/2004).

Spielen ist eine Form des seelischen Ausdrucks, d. h. der inneren Bewegtheit. Man denke hier auch an die Etymologie des Wortes »Spiel« bzw. engl. »play«: *spiln* (mhd): »sich lebhaft fröhlich bewegen, tanzen«; *plegan* (altengl.): »Lebhafte Tätigkeit, Erfrischung, bewegen, tanzen, hüpfen«, aber auch »Erholung«; *pleyen* (niederdeutsch): »sich freuen, fröhlich sein« kommt hinzu.

Gelingendes Spiel bedeutet kein Gelingen im Sinne von Erfolg, sondern dass nicht vorwegnehmbare Möglichkeiten frei werden.

Der Philosoph Heinrich Rombach (1980) bezeichnet dies als Hebung einer Wirklichkeit, sieht Spiel als *wirk*-lichkeitsstiftend. Eine erwachsene Patientin, die bei mir in Sandspieltherapie war, beschrieb dieses Freiwerden von Möglichkeiten einmal beim Blick in den Sandkasten so:»Wissen Sie, es ist immer schon da, ich sehe es nur noch nicht, und dann beim Spielen erscheint es.«

Spiel ist nicht nur Freude,»Spaß«, es ist auch»Spannung« – nicht verstanden als»Entertainment«, sondern als ein Aufgespanntsein zwischen Spielidentität und individueller Identität, welche beide miteinander zu tun haben. Der/die Spielende ist gleichzeitig sowohl in der realen als auch in der imaginären Welt, er/sie bewegt sich in unterschiedlichen *Spielräumen*, zwischen Innen und Außen, sogenannte Übergangsräume werden eröffnet, es zeigt sich etwas, das zuvor verborgen war. Eugen Fink meint, es mache den Zauber eines Spiels aus, dass etwas zum Vorschein komme (1960). Doch auch Differenzierungen werden gebildet, Illusionsbildung, aber auch Desillusionierung erprobt. Dabei beziehen sich diese Definitionen und Beschreibungen auf das sogenannte Freispiel als einem Experimentieren nach freien Einfällen, als eine Realisierung der Fantasien durch das Spiel – wenn der Mensch / das Kind sich geborgen und sicher fühlen kann, wenn es einen»freien und geschützten Raum« (Kalff 2000) gibt.

Warum spielt das Kind?

Nach Sigmund Freud ermöglicht Spielen ein Ausleben von Triebimpulsen, es hat eine wunscherfüllende Funktion, hilft aber auch bei der allmählichen Bewältigung negativer Affekte. Es dient der Katharsis, gehorcht dem Lustprinzip und unterliegt naturgemäß dem Wiederholungszwang. Es wird auch als Ersatz für das freie Assoziieren gesehen.

Nach C. G. Jung existieren angeborene Bilder wie der Archetyp des Kindes als spielendes Wesen als eine genetisch verankerte Struktur, die sich konstelliert in schöpferischer Fantasietätigkeit.

Für Jung ist die Fantasietätigkeit eine autonome Aktivität der Psyche, Fantasie ist die Mutter aller Möglichkeiten, bei der innere und äußere Welt in einer Einheit zusammenkommen. Spielen ist für Jung eine aktive Fantasie, gleich der aktiven Imagination, und hat zum Ziel, innere Spannungszustände aufzuheben, den Zustand des Seins und des Werdens miteinander zu verbinden. In *Ziele der Psychotherapie* (1929) sagt er, es gehe darum, den Menschen »in den Zustand des Spielenden« zu erheben. Und er betont: »Die Wirkung, auf die ich hinziele, ist die Hervorbringung eines seelischen Zustandes, in welchem mein Patient anfängt, mit seinem Wesen zu experimentieren, wo nichts mehr für immer gegeben und hoffnungslos versteinert ist, ein Zustand der Flüssigkeit, der Veränderung und des Werdens« (GW 16, § 99). In GW 6, § 196, spricht er vom Spielenmüssen, einer spielerischen Betätigung der Psyche durch innere Nötigung, ohne Zwang der Umstände, ohne Zwang des Willens. Damit ist es ein ernstes Spiel – und doch ein Spiel.

Summa summarum dient Spiel der Selbstregulierung der Psyche. Laut Jung geht es in der Entwicklung nicht darum, die kindliche Fantasiewelt zu überwinden – im Gegenteil, die Bilder kommen im reifen Menschenalter wieder hoch und drängen nach Erfüllung. Das ewige Kind in uns ist eine andauernde, in uns angelegte Erfahrung.

Nach Erich Neumann, einem Schüler C. G. Jungs, ist die Spielwelt die Welt des matriarchalen Bewusstseins. Er meint, dass die Spielwelt auch für den erwachsenen Menschen aller Kulturen eine entscheidend wichtige und nicht eine zu überwindende Welt sei. Für das Kind gelte dies im ganz besonderen Maße (Neumann 1963/1999). Die magisch-mythische Symbolwelt der Fantasie und des Spiels und die Regression des patriarchal geprägten Ich in diese Fantasiewelt sichern die ganzheitliche Entwicklung des Menschen. Gerade bei Erwachsenen bestünde darin ein Ausgleich zur Überbetonung des rationalen Bewusstseins und der einseitig extravertierten Realitätsanpassung.

Michael Fordham (1974), ebenfalls ein Postjungianer, geht davon aus, dass das kindliche Ich im Spiel in die Nähe des Selbst gerät und zur Entfaltung desselben beiträgt. Auch für ihn ist Spiel ein Mittel der Angstbewältigung, es vermittelt Gefühle von Allmacht und verschafft Befriedigung, die nicht abhängig von Bezugspersonen ist. Allerdings will das Spiel von den Bezugspersonen anerkannt und verstanden werden.

Nach Winnicott (2002) dient Spiel dazu, um a) der Aggression Ausdruck zu verleihen, b) um Angst zu bewältigen, c) um neue Erfahrungen zu machen, d) um den sozialen Kontakt zu fördern, e) um die Persönlichkeit zu festigen und f) um zu kommunizieren! Denn Spiel ist auch Dialog, Kommunikation.

Wo fängt Spiel und Spielen an?

Spielt das Kind bereits im Mutterleib? Ist der Uterus die erste Spielwiese des Kindes? Oder sind Bewegungen in dieser Zeit eher als Vorläufer des Spielens zu vermuten? Schon als Säugling beginnt der Mensch mit Mund, Zunge, Fingern, Zehen … seine ersten Spielchen zu machen, der eigene Körper wird das erste Spielzeug, aber zuvor ist bereits die Brust bzw. die Brustwarze der Mutter ein wichtiges erstes Spielobjekt, ein sogenanntes »Not-me-Objekt«. Spiel wurzelt in der frühen Beziehung zwischen einer zugewandten Mutter und dem Kind. Die ersten gemeinsamen Spiele bestehen im Gesichterschneiden, Produzieren von Lauten – was machen die Bezugspersonen mit ihrem Gesicht, ihrer Stimme, ihrem Körper, ihren Händen? Der Ausdruck im Gesicht der Mutter entspricht einem Wort. Sie gibt der Erfahrung des Säuglings eine Bedeutung. Das ist nach Kohut (1993) der sogenannte »Tanz zwischen Mutter und Kind« als eine primäre Intersubjektivität, das ist Spiel!

Wie entwickelt sich Spielfähigkeit?

Winnicott beschreibt die Spielfähigkeit 1971 als einen Entwicklungsprozess, in dem das Kind aufgrund seiner interaktiven Erfahrungen mit der Mutter bzw. der primären Bezugsperson die Fähigkeit zu gemeinsamem Spielen innerhalb einer Vertrauensbeziehung erwirbt. Innerhalb eines harmonisch regulierten frühen Mutter-Kind-Systems macht der Säugling die Erfahrung, dass seine Handlungen die eigenen Zustände auf gewünschte Effekte hin beeinflussen können. Indem die Mutter die äußere Realität an die entwicklungsabhängigen inneren Bedingungen des Säuglings anpasst, erschafft sie mit ihm einen gemeinsamen potenziellen Raum, einen intermediären Raum, der Mutter und Kind im »Zusammen-Spiel« verbindet. Indem sie Intentionen und Wünsche des Kindes in sich selbst nachvollziehen kann, wird dem Kind die Gewissheit vermittelt, dass seine innere Welt von der Mutter verstanden und in ihr bewahrt wird *(Container/Contained)*. Spielerfahrungen sind eingebettet in diese Beziehung mit der Mutter, d. h. sie sind interaktiv geformt und getragen. Ein Kind, das auf ein spielfreudiges Gegenüber stößt (einfühlend, anteilnehmend, responsiv) wird sein Spielvermögen schrittweise ausbauen, was auch einen Resilienzfaktor darstellt.

Heilsames Spiel

Im heilsamen Spiel werden konflikthafte Situationen nicht einfach nur wiederholt, sondern aktiv neu hergestellt. Das Spiel hat hier die Funktion eines Protektors für das Selbst. Heilsames Spiel, als eine vertiefte Tätigkeit, ist verbunden mit Freude und Hingabe. (Dann sind wir beim heilsamen Spiel nach Zulliger [2007]). Diese vertiefte Tätigkeit wird spontan begonnen, hat ein sich entfaltendes Thema, welches zu einer Lösung geführt wird. Erikson (1937) spricht von Spielsättigung, wenn das Thema natürlich beendet wird und einer vorläufigen oder auch definitiven Bewältigung gedient hat. Außerdem zeigt das Spiel Einfallsreichtum, Ausdauer, Kreativität. Spiel ist somit eine Quelle der Lebensbewältigung. Der Spielrahmen, auch in der Therapie, ist dann eine Art geweihter Platz, in dem sich Neues und Kreatives (*creare* als »hervorbringen, erschaffen«; *crescere* = »wachsen, entstehen«) entwickeln kann. Dazu ist aber immer ein gesicherter *Spiel-Raum* notwendig. Wenn hingegen der Übergangsraum, der Spielraum oder der potenzielle Raum nicht oder nur mangelhaft entwickelt werden konnte, z. B. bei traumatischen Belastungen in frühen Interaktionen (fehlende Spiegelung, körperliche und/oder psychische Gewalt, Verluste), dann zeigt sich dies als pathologisches Spiel.

Pathologisches Spiel

Wenn keine ruhige Kommunikation mit emotionaler Bezogenheit mehr gelingt, wenn die Bezugspersonen gestresst, blockiert, wütend oder gelangweilt reagieren, dann verschließen sich Spielräume. Das Kind gibt auf, zieht seine Libido aus diesen emotional entleerten Räumen zurück, gibt entmutigt auf oder schreit sich seine Verzweiflungswut von der Seele. Bei intensiver und persistierender Spielunlust (oft gepaart mit Überreizungen, Schreien, Schlafstörungen, also sonstigen Regulationsstörungen) besteht zumeist kein Platz mehr für spielerisches Explorieren. Wir beobachten z. B. rigides und eingeengtes Spiel, Brüche, negative Gefühlszustände, es ist keine Entwicklung erkennbar. Dann gibt es keinen Spielfluss, Spiel wird hier plötzlich ernst, ja sogar existenziell, und wir sind nicht mehr im Als-ob-Modus, sondern im Äquivalenzmodus. Das Spiel ist nicht mehr spielerisch, sprich, es ist kein trianguärer Raum, der wechselnde Perspektiven und Rollen erlaubt, sondern es ist ein Entweder-oder; es ist existenziell, da die Fantasie zur Realität wird. Hier bricht die Dialektik von Realität und Fantasie zusammen und wir sind bei sogenannten Symbolisierungsstörungen, die mit Mentalisierungsstörungen einhergehen, welche ebenfalls auf den nicht sicher etablierten Übergangsraum verweisen.

Auch bei Kindern, die überhaupt nicht spielen können, auch beim scheinbar sinnlosesten Spiel oder bei scheinbar sinnentleertem Verhalten kann versucht werden, zu verstehen, was das Kind uns (durch seine projektive Identifizierung) über seine innere

Verfassung mitteilt. Das ist der zentrale Bereich der Kommunikation.

Das gesunde symbolische Spiel bringt die innere Realität mit der äußeren in Verbindung, indem innere Fantasien auf das Spielzeug oder die andere Person externalisiert werden. Um spielen zu können, ist es erforderlich, den Unterschied zwischen dem Symbol und dem Symbolisierten bewahren zu können. Der Übergangsraum kann definiert werden als der Raum zwischen dem Symbol und dem Symbolisierten. Fehlt dieser Raum jedoch, dann fehlt die Fähigkeit zu mentalisieren, die Fähigkeit zur Selbstreflexivität, die mit der frühen Erfahrung einer feinfühligen, spiegelnden Bezugsperson verbunden ist. Deshalb werden Erfahrungen zunächst überwiegend handelnd im Sinne eines Agierens wiederhergestellt und noch nicht symbolisiert – dies wird erst in einem Entwicklungsprozess des Spielens innerhalb eines gesicherten Spielrahmens möglich.

Voraussetzungen für Spiel

Freude am spielerischen Entdecken setzt voraus, dass das elementare Grundbedürfnis, geliebt zu werden, gestillt ist. Dann erwacht Entdeckerfreude, dann kann das Kind ein Gefühl entwickeln, etwas bewirken und gestalten zu können. Wenn es sich sicher und angenommen fühlt, dann ist die Welt ein Spielplatz. Auch laut C. G. Jung, ist der Spieltrieb ein sogenannter Aktivitätstrieb, der erst anspringt, wenn andere Triebe befriedigt sind (GW 8, § 240).

Spielen öffnet nicht nur Freiräume, in denen sich etwas zeigt und sich Möglichkeiten auftun – spielerische Entfaltung braucht auch Spielräume, Spielräume mit der Erfahrung von Freiheit und Verbundenheit, damit ein Spielprozess entstehen kann. Kinder hören auf zu spielen, wenn sie nicht mehr Subjekt, sondern Objekt sind und spielerisches Ausprobieren und Erkunden nur als »Zeitverschwendung« angesehen wird. An dieser Stelle möchte ich auf den Dokumentarfilm *Papst Franziskus – Ein Mann seines Wortes*

(2018) von Wim Wenders verweisen: Der Papst, angesprochen auf zunehmende Familien- und Erziehungsprobleme in der Gesellschaft nennt eine ganz einfache Frage als Antwort: »Do you play with your children? Do you waste time with your children?« Miteinander Zeit verbringen, gar verplempern. Einfach so. Gibt es noch solche Spielräume? Außer in der Therapie? Wobei auch hier zunehmendes Effizienzdenken der Krankenkassen den Homo ludens bedroht? Wer spielt, ist frei und gleichzeitig ausgerichtet auf und verbunden mit dem Du, mit dem er spielt. Es ist von Natur aus ein Zusammen*spiel* in einem Begegnungsraum, der sich zwischen zwei Subjekten öffnet. Auch die Puppe ist für das Kind kein Objekt, sondern ein Du, sie ist beseelt.

Ein wichtiger Punkt wäre zudem das Thema Grenzen. Bereits Huizinga betont, dass jedes Spiel sich innerhalb seines Spielraums, seines Spielplatzes bewegt, der materiell oder nur ideell, absichtlich oder wie selbstverständlich im Voraus abgesteckt worden ist. Das bedeutet, Spiele führen nur dann in die Freiheit, wenn sie klare (räumliche und zeitliche) Grenzen haben. Diesen abgegrenzten Raum finden wir nicht nur bei Wettkampfspielen, sondern auch schon bereits bei Kultspielen: In einem abgesteckten, geweihten Raum, in einem *templum,* eröffnet sich ein Spielraum, in dem das Heilige und Göttliche erscheint. Auch die Bühne im Schauspiel, auf der sich etwas zeigt und die ebenfalls einen Resonanzraum öffnet, in dem sich Darsteller und Zuschauer miteinander verbinden, ist ein solcher Spielraum. Dabei ist der Zuschauer eigentlich ein Mitspieler, er schwingt mit, andernfalls konsumiert man das Spiel nur, statt am Spielgeschehen teilzunehmen, ist emotional abgekoppelt, ist sozusagen »aus dem Spiel« – dann ist es kein Spiel mehr im wahren Sinne, sondern nur Unterhaltung. (Dies ist auch für die Sandspieltherapie von Bedeutung, dass wir nicht in ein Setting wie »Mensch vor Monitor« fallen, denn dann wären wir laut Buber (1979) im Subjekt-Objekt-Modus (Ich–Es) anstatt in einer Beziehung von Subjekt zu Subjekt (Ich–Du).

Die wichtigsten Voraussetzungen für Spiel wären also Sicherheit, Schutz und Grenzen, vermittelt durch ein haltgebendes, resonantes Gegenüber. Spielen ist eine genuine, elementare Lebens- und Interaktionsform; Spielunlust ein höchst auffälliges Symptom. »Spiel mit mir« bedeutet: Hab Zeit für mich, nimm mich ernst und verstehe, dass die Fähigkeit zum Spielen ein zugewandtes, achtsames, feinfühliges, resonantes Gegenüber braucht.

Das Spielerische

In der Analytischen Psychologie werden Spiel und das Spielerische vor allem in Verbindung mit der Fantasie, der Imagination, der Kreativität, dem Schöpferischen gesehen: »[…] ohne dieses Spiel mit Phantasien ist noch nie ein schöpferisches Werk geboren worden« (Jung, GW 6, § 88). Das sich spontan entwickelnde Spiel des Kindes oder des Erwachsenen entspringt der unbewussten Psyche, die sich in Fantasietätigkeit, aber auch in praktischen Handlungen und Darstellungen gestaltet. Spiel ist ursprünglicher Ausdruck der transzendenten Funktion, also dem bewusst-unbewussten psychischen Gesamtgeschehen, bei dem Gegensätze in Form von Symbolen zu einer Synthese vereinigt werden. Dadurch werden Blockierungen und Einseitigkeiten aufgehoben und kann es zu neuen Einstellungen kommen; im Sinne der Finalität wird dadurch Veränderung möglich, kann die psychische Energie wieder in Bewegung kommen. Jung selbst erlebte sich spielerisch in manchen Krisenzeiten: »[…] nach unendlichem Widerstreben ergab ich mich schließlich darein zu spielen. […] Dabei klärten sich meine Gedanken und ich konnte die Fantasien fassen, die ich ahnungsweise in mir fühlte« (Jung 2018, S. 194; 195).

Auf Therapie bezogen bedeutet das: Es braucht einen Therapeuten, der an seiner eigenen Spielfähigkeit arbeitet bzw. sie wiederherzustellen vermag, wenn sie durch äußere oder innere Ereignisse beeinträchtigt worden ist. Es braucht einen Therapeuten, der über seine eigene transzendente Funktion verfügt, um dem Patienten diese zu vermitteln. Jung meinte, der Arzt müsse in diesem intersubjektiven, analytischen Prozess die besseren Voraussetzungen haben, sich aus der Gefangenschaft des Unbewussten zu befreien (Jung, GW 16, § 365). Wie geht das? Wenn wir es nicht wissen, aber manchmal im Nichtwissen doch etwas wissen? Françoise Dolto (1985) sprach davon, mit dem Herzen zu verstehen. Das Spielerische ist dabei aber nach Dieter Bürgin (2013) eben nicht das banal Zufällige, sondern das aus dem Vorbewussten genährte und gegenübertragungsgeleitete Kreative.

Die Spielenden

C. G. Jung hat in seiner *Psychologie der Übertragung* (1946) gewissermaßen die Grundidee einer intersubjektiven Perspektive angelegt, indem er die wechselseitige verändernde Beeinflussung von Analytiker und Patient in einem gemeinsamen Prozess betonte, aus dem beide gewandelt, als *Andere* hervorgehen. Veränderung bedeutet somit gegenseitige »Ver-Anderung«, wir verändern uns gegenseitig und werden dadurch zu dem, was wir sind.

Besonders Vertreter postjungianischer Ansätze wie z. B. Jean Knox betonen die intersubjektive Genese des Selbst, und auch G. Bovensiepen erklärt, zur Selbst-Entfaltung bräuchte es eine Matrix von Beziehungserfahrung. Symbolische Einstellung, also dem Geschehen zwischen dir und mir einen Sinn beizumessen, setzt eine intersubjektive Wirklichkeit voraus, und auch das Symbol als das Dritte vermittelt nicht nur zwischen Bewusstsein und Unbewusstem, sondern hat seinen Ort auch gleichzeitig zwischen Therapeut und Patient, ist Teil des dialogischen Geschehens. Der Ort der Selbstverwirklichung liegt in einem Beziehungsvorgang – oder wie Martin Buber sagen würde: »Ich werde am Du« (1979, S. 18).

Erst durch ein symbolisch eingestelltes Gegenüber wird ein Gestaltungsvorgang, z. B. im Sand, zu einem Symbolisierungsvorgang, und erst in der Beziehung beginnt das Symbol zu wirken. Der Text zwischen dir und mir ist nicht nur meine Botschaft plus deine Botschaft. Er ist eher wie ein Gewebe, das zwischen dir und mir, zwischen Therapeut und Patient geformt wird, und wenn wir das Thema aufspüren, das sich entfalten will, wenn wir resonant im Sinne eines »*emotional state sharing*« antworten, geschieht echte »Erfahrungs-Therapie« und Neuschöpfung. Der Mensch ist also in vollem Sinne Mensch erst in der Transzendenz auf ein anderes menschliches Wesen hin – und nach Schiller ist er ja nur dort ganz Mensch, wo er spielt. Spiel ist medial, es geschieht in einem Zwischen, das Geschehen selbst ist ein Zwischen: zwischen zwei Menschen, aber auch zwischen Innen und Außen. C. G. Jung meint: »Im tiefsten Sinne träumen wir alle *nicht aus uns*, sondern aus dem, was *zwischen mir und dem Andern liegt*« (Brief von C. G. Jung an James Kirsch vom 29. 9. 1934, in: Lammers 2014, S. 122). Dasselbe ließe sich auch über das Spielen sagen. Es hat also auch eine transpersonale Ebene; symbolisches Spiel ist eine dritte Realität. Spiel wirkt somit im Aufeinandereinspielen als Zusammenspiel in einem dritten Raum, in dem man nicht nur gehört und gesehen wird, sondern in dem man aufgenommen ist (von der Kommunikation zur Kommunion). Was ein Ich wird, ist im Du eingebettet. Die Sphäre des Zwischenmenschlichen und auch des Spiels ist die des »Mit-Ein-Ander-gegenüber«.

Sand-Spiel-Therapie

Die Schweizer Therapeutin Dora Kalff hat ihre Methode in Anlehnung an das Weltspiel, von Margret Lowenfeld »Sand-SPIEL« genannt: Es heißt SandSPIELtherapie, nicht SandBILDtherapie. Gerade die Kombination von Sand und Figuren sind die basalen »Zutaten« für kindliches Spiel, besonders der Sand als *prima materia* ist ein typisches Element des spontanen Spiels der Kindheit. Dabei ist nun Sandspieltherapie, trotz ihrer Wurzeln im Lowenfeld'schen Weltspiel, keine eigentliche Spieltherapie, sondern eine Methode der Analytischen Therapie.

Das Spielen aus analytischer Perspektive beschäftigt sich damit, wie Spiel sich im Übertragungs-/Gegenübertragungsgeschehen zeigt, wie es aus dem äußeren manifesten Spielzimmer in innere Spielräume transformiert wird. Die Tendenz zur Manualisierung in der Therapie und die Tendenz im Sandspiel, es als eine Technik zu verwenden, die für sich alleine besteht und wirkt, kann zu Einschränkungen solcher Spielräume führen, indem sie auch die gleichschwebende Aufmerksamkeit des Therapeuten (analytische Haltung) bzw. die resonanten Austauschprozesse zu beeinträchtigen droht. Das Spiel würde dann auf einen äußeren Zweck reduziert, was dem Spielerischen im Grunde widerspricht. Die Wirkfaktoren Beziehung und Spiel verweisen bereits auf den Einfluss des Körperlichen. In der Begegnung im Wir-Raum sind wir beteiligt als geistige, seelische und körperliche Wesen: Wir fühlen, nicht nur affektiv, sondern auch sinnlich! Nach John Locke gibt es nichts im Verstand, was nicht vorher in den Sinnen war. Wir berühren und werden berührt, nicht im Sinne von anfassen, sondern als ein körperliches Ergriffensein. Das betrifft körperliche Sensationen in der Therapeutin, wo bisher nicht kommunizierbare Gefühlszustände des Patienten in das Erleben der Therapeutin eingebunden werden – der innere Zustand des Patienten als sensomotorischer Modus, hinter dem sich eine noch nicht symbolisch repräsentierte Erfahrung verbirgt. Es geht also um Rückübersetzung in das ursprüngliche nicht verstandene Gefühl. Diese nicht repräsentierten Gefühle werden nicht nur auf den Therapeuten, sondern auch auf den Sand projiziert. Doch auch dann braucht es ein Gegenüber, das sich als Verwandlungsobjekt zur Verfügung stellt: Die erste unmittelbare Reaktion ist eine präreflexive, wir reagieren körperlich auf eine wahrgenommene Bedeutung. Das reflexive Analysieren kommt erst danach! Besonders eindrücklich ist es, wenn der Patient den Sand wirklich berührt (manchmal wird er ja nur als eine Oberfläche verwendet) und damit arbeitet: Das Streicheln, Rieseln, Schlagen, Drücken, Zerreiben, Kneten wird mit allen Sinnen spürbar, auch in der Gegenübertragung. Es geht darum, mit dem Körper zu sehen. Ich würde an dieser Stelle auch vom »Spür-Sinn« sprechen.

Mit dem Sand gibt es die Möglichkeit, gänzlich in den körper-lich-sinnlichen Erlebnisbereich einzutauchen. Die körperlich-sinn-liche Bewegung und Erfahrung ist nach Piaget (1986) die Grund-lage in der Entwicklung der Symbolisierungsfähigkeit. Die Körperselbst-Erfahrung ist die erste Erlebnisform des Selbst. Im Sandspiel werden primäre körperliche Erfahrungen, die auch im Körper gespeichert sind, wieder erlebbar, und zwar nicht nur als Reinszenierungen alter Erfahrungen, sondern auch als *neue* Erfah-rungsmöglichkeit: berührt werden, gehalten werden, gestreichelt werden – die Hände führen, wir spüren hin, ein Auge sieht, ein Auge fühlt.

Visuelle Wahrnehmung ist nämlich ein Zusammenspiel zwi-schen dem ganzen Körper und seiner Umgebung. Die Erfahrung über den Hautsinn ist die Basis aller Sinne und bedeutender als der Sehsinn! Der Tastsinn ist konstitutiv für unser Sinnessystem, ist der Ursprungssinn, auf den sich die nachfolgenden Sinne beziehen. Das Sandspiel ist stets mit einem komplexen Sinneseindruck ver-bunden, der immer auch körperlich ist: Das Sandbild geht sozusa-gen »unter die Haut«.

Wer kennt das nicht: Vieles weiß man oft erst hinterher wirk-lich, aber dieses Wissen hat meine Gefühle für das Geschehen nicht grundlegend verändert, sondern lediglich dem etwas hinzu-gefügt, was ich schon vorher »empfunden« habe. Die verkörperte Empfindung findet vor dem reflexiven Zugang statt. Mit einem verfrühten intellektuellen Verstehen würden wir davoneilen. Es lohnt sich aber, zu verweilen, den potenziellen Raum als Warte-platz zu nutzen, nicht nur zum Fantasieren, sondern auch für den Patienten, der im Umgang mit dem Sand Hauterfahrungen ma-chen kann, die, wenn sie ausreichend gut sind, zur Entwicklung einer psychischen Hülle beitragen. Gleichzeitig ermöglicht die sinnliche Kontakterfahrung auch die Loslösung und Ich-Entwick-lung.

Das Fallbeispiel eines 13-jährigen Jungen, das im Vortrag aus-führlich vorgestellt wurde, in diesem Beitrag aber nur grob umris-sen werden kann, zeigt in einem eindrücklichen Sandspielprozess,

169

wie aus einem anfänglichen Schlachtfeld in der Therapie allmählich ein Spielplatz werden konnte: Spiel als ein von Natur aus intersubjektives Phänomen ist eingebettet in Beziehung. Wenn diese nicht gelingt, wie in der Anamnese des Patienten als frühe Störung der Objektbeziehungen ersichtlich war, verschließen sich Spielräume, es gibt dann kein spielerisches Explorieren mehr. Bei dem Patienten zeigte sich dies zunächst darin, dass er sich Stunde um Stunde der Verarbeitung seiner Ohnmacht und Hilflosigkeit in einem omnipotenten, grandiosen und sadistischen Spiel hingab, welches die Therapeutin (aus-)halten musste und in ihr immer wieder Sorge und Zweifel hervorrief. Nach Winnicott (1971) findet Psychotherapie im Überlappungsbereich von zwei Gebieten des Spielens statt: das des Patienten und das des Therapeuten. Wo Spielen nicht möglich ist, richtet sich seiner Meinung nach die Arbeit des Therapeuten darauf, dem Patienten aus einem Zustand des Nicht-spielen-Könnens in einen Zustand des Spielenkönnens zu verhelfen.

Das Wiedererlangen von Spielfähigkeit braucht Sicherheit, Schutz und Grenzen: In der Sandspieltherapie wird dies zum einen durch den konkreten Sandkasten als Gefäß vermittelt, zum Anderen aber auch durch ein haltgebendes, resonantes Gegenüber im Sinne eines zweiten Gefäßes. »Durch die Verbindung mit dem Sand und den Sandspielmaterialien wird ein Sandbild zu einem sichtbaren, greifbaren, interaktiven Feld zwischen Unbewusstem und Bewusstem von Patient und Therapeut und dem ganzen Setting des Sandspielraums« (Ammann 2001).

Deshalb braucht es einen Therapeuten, der selbst über eine eigene Spielfähigkeit im Sinne innerer Spielräume verfügt. Denn wenn der Therapeut nicht spielen kann, ist er laut Winnicott für die Arbeit nicht geeignet. Spielfähigkeit entsteht im intersubjektiven Raum. Zwei Spielende mit ihren Innenwelten, mit allen Dimensionen, die C. G. Jung im Übertragungskreuz als Beziehungsquaternio beschrieben hat, treffen hier aufeinander, begegnen sich in der Zwischenwelt des Sandspielsettings. Sich einzulassen auf den Erlebensraum des Patienten in einer offenen und sensiblen Haltung für die Phänomene in der aktuellen Begegnung erfordert nicht nur ein Verstehen, sondern auch eine kontrollierte Regression des Therapeuten. Spielen ist also ein Risiko, auch für den Therapeuten.

Im freien und geschützten Raum der Sandspieltherapie gelang es der Therapeutin, die an der primären Erfahrung des Patienten teilhatte, ein ungeliebtes, abgelehntes Kind zu sein, sich aus der unbewussten Projektion zu befreien, die sich »wie die Fangarme eines Octopus [...] um Arzt und Patient« schlingt (Jung GW 16, § 371), und es konnte im intersubjektiven Raum gemeinsam Zukunft sozusagen erspielt und ko-kreiert werden: Waren die Kinder im Sandspiel des Patienten anfangs noch schutzlos ausgeliefert oder wurden sie gar gefressen (Menschenopfer als das erste Spiel?), wurde im Übergangsraum der Sandspieltherapie durch gegenübertragungsgeleitetes, spielerisches Probehandeln aus dem gemeinsamen Unbewussten zwischen Patient und Therapeutin ein Kind geboren – ein wesentlicher Aspekt des Kindmotivs ist sein Zukunftscharakter; das Kind ist laut C. G. Jung potenzielle Zukunft! Dieses neue Kind konnte nicht nur seine volle Reifezeit von 9 Monaten entfalten (wie der Patient, der selbst eine Frühgeburt war, eindrücklich in einer Zeichnung darstellte), sondern im weiteren Verlauf seine Heldenreise antreten. So sind Spiel und Spielen eine Grundform von Leben, die nachweislich zur Reifung und Entwicklung beiträgt. Nach all der (Für-)*Sorge* und den (Selbst-)*Zweifeln* entstand am Ende *Zuversicht*.

Schlusswort

Vielleicht sollte der Homo ludens nicht nur in der Kindertherapie entdeckt, gestärkt und genährt werden? Vielleicht sollten wir mehr Zeit »verschwenden«, mehr Spielräume in uns und zwischen uns finden, um wieder spielerischer mit dem Leben umzugehen. Lassen wir uns berühren, bewegen, involvieren, lassen wir uns ein auf das Spiel des Lebens!
Nach Gadamer (1986) besteht die Weisheit der spielerischen Le-

benskunst eben darin, sich immer wieder auf das Spiel des Lebens einzulassen, indem man sich selbst in der Begegnung mit Anderen aufs Spiel setzt. Deshalb sei die spielerische Lebenskunst auch nie fertig, das Spiel gehe immer weiter ... *Zukunft* entsteht durch Beziehung, in freien und geschützten Spielräumen zwischen uns Menschen, in denen unser Potenzial sich kreativ und lebendig entfalten kann.

In einer katamnestischen Begegnung meinte der Patient zur Therapeutin: »Du hast mich upgedatet!« Man könnte dies im Sinne der Selbstaktualisierung und Selbsterneuerung verstehen oder im jungschen Sinne der Selbstwerdung.

»Wenn das Wesen aller Dinge im Werden liegt, dann ist das Spiel sein Medium« (Hans-Peter Dürr in: Kögler, 2009).

Literatur

Ammann, R. (2001): Das Sandspiel. Der schöpferische Weg der Persönlichkeitsentwicklung. Walter, Olten.

Bürgin, D. (2013) in: Analytische Kinder- und Jugendlichen-Psychotherapie, Heft 157, XLIV. Jg., 1/2013. Brandes & Apsel, Frankfurt am Main.

Buber, M. (1979): Ich und Du. 10. Aufl. Lambert Schneider, Heidelberg.

Buytendijk, F. (1959): Das Spielerische und der Spieler, in: Das Spiel. Kongressbericht Dt. Leibeserzieher, Frankfurt am Main.

Dolto, F. (1985): Praxis der Kinderanalyse. Klett-Cotta, Stuttgart.

Etymologisches Wörterbuch des Deutschen (2018). Edition Kramer, Rhenania Verlagsgesellschaft, Lahnstein.

Fink, E. (1960): Spiel als Weltsymbol. Kohlhammer, Stuttgart.

Fordham, M. (1974): Das Kind als Individuum. Kinderpsychotherapie aus Sicht der analytischen Psychologie C. G. Jungs. Ernst Reinhard, München.

Gadamer, H.-G. (1986): Wahrheit und Methode, Grundzüge einer philosophischen Hermeneutik. GW, Bd. 1. Mohr, Tübingen.

Hüther, G., Quarch C. (2017): Rettet das Spiel. Weil das Leben mehr als Funktionieren ist. 6. Aufl. Hanser, München.

Huizinga, J. (1956/2004): Homo Ludens. Vom Ursprung der Kultur im Spiel. 25. Aufl. Rowohlt, Reinbek bei Hamburg.

Jaffe, A. (1999, 11. Aufl.): Erinnerungen, Träume, Gedanken von C. G. Jung. Walter-Verlag, Zürich und Düsseldorf.

Jung, C. G. (2018): Psychologische Typen. GW 6. Hg. von M. Niehus-Jung /

L. Hurwitz-Eisner / F. Riklin / L. Zander. Sonderausgabe. 3. Aufl. Edition C. G. Jung im Patmos Verlag, Ostfildern.

Jung, C. G. (2011): Die Dynamik des Unbewußten. GW 8. Hg. von M. Niehus-Jung / L. Hurwitz-Eisner / F. Riklin / L. Jung-Merker / E. Rüf. Sonderausgabe. 4. Aufl. Edition C. G. Jung im Patmos Verlag, Ostfildern.

Jung, C. G. (2011): Praxis der Psychotherapie. Beiträge zum Problem der Psychotherapie und zur Psychologie der Übertragung. GW 16. Hg. von M. Niehus-Jung / L. Hurwitz-Eisner / F. Riklin / L. Zander. Sonderausgabe. 3. Aufl. Edition C. G. Jung im Patmos Verlag, Ostfildern.

Jung, C. G. (2018): Erinnerungen, Träume, Gedanken. Aufgezeichnet und herausgegeben von Aniela Jaffé (1962). Korrigierte Sonderausgabe. 20. Aufl. Edition C. G. Jung im Patmos Verlag, Ostfildern.

Jung, C. G. (1973): Brief C. G. Jungs an James Kirsch von 1934 in: Letters. Volume I. Princeton University Press, Princeton.

Jung, C. G., Kerényi, K. (2012): Das göttliche Kind. Eine Einführung in das Wesen der Mythologie. Edition C. G. Jung im Patmos Verlag, Ostfildern.

Müller, A. / Müller, L. (Hg.) (2010): Die Welt spielt. Jung Journal, Forum für Analytische Psychologie und Lebenskultur, Heft 23, Jg. 13. Opus-Magnum, Stuttgart.

Kalff, D. M. (2000): Sandspiel. Seine therapeutische Wirkung auf die Psyche. Ernst-Reinhardt Verlag, München.

Kohut, H. (1993): Auf der Suche nach dem Selbst. Pfeiffer/ Klett-Cotta, Stuttgart.

Kögler, M. (Hg.) (2009): Möglichkeitsräume in der analytischen Psychotherapie. Pschosozial-Verlag, Gießen.

Lammers, A. (Hg.) (2014): C. G. Jung und James Kirsch: Die Briefe 1918–1961. Edition C. G. Jung im Patmos Verlag, Ostfilden.

Neumann, E. (1999): Das Kind. Struktur und Dynamik der werdenden Persönlichkeit. Fischer, Frankfurt am Main.

Panksepp, J. / Biven, L. (2012): The Archeology of Mind. Norton and Company, NY.

Piaget, J. / Inhelder, B. (1986): Die Psychologie des Kindes. dtv/Klett-Cotta, Stuttgart.

Rahner, H. (2016): Der spielende Mensch. 11. Aufl. Johannes, Einsiedeln.

Rombach, H. (1980): Phänomenologie des gegenwärtigen Bewusstseins. Alber, Freiburg.

Schiller, F. (1836/1795): Über die ästhetische Erziehung des Menschen, 15. Brief. Klett- Cotta, Stuttgart.

Wenders, W. (2018): Papst Franziskus – Ein Mann seines Wortes. Dokumentarfilm.

Winnicott, D. W. (1971/10. Aufl. 2002): Vom Spiel zur Kreativität. Klett-Cotta, Stuttgart.

Wygotzki, L., in: Oerter, R., Montada, L. (Hg.) (2008): Entwicklungspsychologie. PVU, Weinheim.

Zulliger, H. (2007, 8.Aufl.): Heilende Kräfte im kindlichen Spiel. Klotz, Eschborn.

Anhang

Kurzbiografien

Renate Daniel

Hohentengen a.H. Dr. med., Ärztin für Psychiatrie, Psychotherapie und Psychoanalyse in eigener Praxis, Dozentin, Lehranalytikerin, Supervisorin und Programmdirektorin am C. G. Jung-Institut Zürich, Wissenschaftliche Leiterin der Internationalen Gesellschaft für Tiefenpsychologie e. V. Veröffentlichungen u. a.: *Nur Mut! Die Kunst, schwierige Situationen zu meistern* (2011), *Der Nacht den Schrecken nehmen. Albträume verstehen und bewältigen* (2013). renate.daniel@t-online.de

Johanna Haberer

Erlangen. Prof. Dr. theol., Theologin und Journalistin, Wissenschaftliche Leiterin der Internationalen Gesellschaft für Tiefenpsychologie e. V. Von 1997 bis 2001 Rundfunkbeauftragte des Rates der Ev. Kirche in Deutschland, 2002 bis 2006 Sprecherin des Wortes zum Sonntag im *Ersten*. Seit 2001 Professorin an der Abteilung »Christliche Publizistik« der Friedrich-Alexander-Universität Erlangen-Nürnberg. Sie ist Herausgeberin des CPV-Verlags, Vorsitzende der Redaktionsgruppe des Impulspapiers der Ev. Landeskirche Bayerns: »Das Netz als sozialer Raum«, Mitglied des Medienrates der Bayerischen Landeszentrale für Neue Medien (BLM) und Mitherausgeberin einer Reihe von Publikumszeitschriften. Seit 2009 leitet sie den Masterstudiengang »Medien-Ethik Religion« und baut in Kooperation mit den Medienwissenschaften an der FAU den Schwerpunkt Medienethik auf. 2015 veröffentlichte sie die Studie: *Digitale Theologie – Gott und die Medienrevolution*.

Julia Barbara Helmke

Hannover. Pfarrerin, Prof. Dr., Honorarprofessorin für Christliche Publizistik an der Friederich-Alexander-Universität Erlangen und im Brotberuf seit 2017 Generalsekretärin des Deutschen Evangelischen Kirchentages in Fulda, Präsidentin der Internationalen Protestantischen Filmorganisation INTERFILM. Arbeitsschwerpunkte: Religion und Film, zeitgenössische Künste und Kirche, kirchliche Zeitgeschichte, Ökumene. Veröffentlichungen u. a. *Begegnungen zwischen Kirche und Theater* (2011), *Mit Bildern bewegen: Filmgottesdienste* (Hg., zus. mit J. Arnold, D. Adler, 2014). juliahelmke@gmx.de

Ernst Peter Fischer

Heidelberg. Diplomierter Physiker, promovierter Biologe, habilitierter Historiker; apl. Professor für Wissenschaftsgeschichte in Heidelberg und selbstständiger Buchautor; über 60 Bücher mit einem breiten Themenspektrum, das von der Molekularbiologie über die Quantenphysik bis in den Himmel reicht; zahlreiche

Biografien unter anderen von Max Delbrück, Werner Heisenberg, Niels Bohr, Max Planck und Wolfgang Pauli; zuletzt ist erschienen *Hinter dem Horizont – Eine Geschichte der Weltbilder* (2017), in der auch die Nachtseite der Wissenschaft eine Rolle spielt; in Arbeit ist ein Band über die Geschichte des verbotenen Wissens, die im Paradies beginnt und dafür sorgt, dass Menschen immer mehr wissen wollen.

Thomas Fuchs

Heidelberg. Prof. Dr. med. Dr. phil., Psychiater und Philosoph, Karl-Jaspers-Professor für Philosophie und Psychiatrie, Oberarzt an der Psychiatrischen Universitätsklinik Heidelberg, Vorsitzender der Deutschen Gesellschaft für Phänomenologische Anthropologie, Psychiatrie und Psychotherapie (DGAP), Präsident der European Association of Phenomenology and Psychiatry (EAPP). Arbeitsschwerpunkte: Phänomenologische Psychologie und Psychopathologie mit Fokus auf Leiblichkeit und Zeitlichkeit; existenzielle Psychotherapie; Theorie der Neurowissenschaften. Buchveröffentlichungen u. a.: *Leib und Lebenswelt* (2008), *Das Gehirn – ein Beziehungsorgan* (2016), *Das überforderte Subjekt* (mit L. Iwer und S. Micali, 2018). thomas.fuchs@urz.uni-heidelberg.de

Rainer Funk

Tübingen. Psychoanalytiker, Nachlass- und Rechteverwalter von Erich Fromm. Promotion über Erich Fromms Sozialpsychologie und Ethik. Assistent von Fromm in Locarno. Leiter des Erich-Fromm-Instituts Tübingen. Herausgeber von Fromms Schriften (Gesamtausgabe in 12 Bänden und als E-Book). Eigene Publikationen zur Psychoanalyse des gegenwärtigen Menschen.

Verena Kast

St. Gallen. Prof. Dr. phil., Professorin für Psychologie und Psychotherapeutin in eigener Praxis, Dozentin und Lehranalytikerin am C. G. Jung-Institut Zürich, Ehrenpräsidentin der Internationalen Gesellschaft für Tiefenpsychologie e. V., Mitglied der Wissenschaftlichen Leitung der Lindauer Psychotherapiewochen. Arbeitsschwerpunkte: Psychologie der Emotionen, Grundlagen der Psychotherapie. Veröffentlichungen u. a. zu Kreativität, Trauern, Freude, Neid, Angst, Partnerschaft, Krisen, Symbolik, zuletzt: *Warum wir Lust auf Zukunft haben können* (2019), *Immer wieder mit sich selber eins werden* (2018), *Das Buch der Bilder* (Hg., zus. mit R. Ammann und I. Riedel, 2018), *Wi(e)der Angst und Hass* (2017). kast@swissonline.ch

Wolfgang Kessler

Rosbach. Wirtschaftswissenschaftler und Publizist. Seit Anfang der 1980er Jahre Forschungen über den Internationalen Währungsfonds und die globale Finanzpolitik, seither Tätigkeit als Journalist, von 1999 bis 2019 Chefredakteur von Publik-Forum, 2007 Erhalt des Internationalen Bremer Friedenspreises. Zahlreiche Buchveröffentlichungen, zuletzt: *Die Kunst, den Kapitalismus zu verändern* (2019), *Zukunft statt Zocken* (2013), *Geld regiert die Welt. Wer regiert das Geld?* (2012).

Andreas Nehring

Erlangen. Prof. Dr. theol. Studium der Theologie mit Schwerpunkt Religions-wissenschaft und Religionsgeschichte. Von 1993–1997 Dozent am Gurukul Lutheran Theological College in Chennai/Indien. Im Februar 2001 Habilitation im Fach Religions- und Missionswissenschaft über »Orientalismus und Mission«. Seit April 2006 Inhaber des Lehrstuhls für Religions- und Missionswissenschaft an der Friedrich-Alexander Universität Erlangen. Forschungsschwerpunkte: Missionsgeschichte Indiens, Reformen in Hinduismus und Buddhismus, Achtsamkeitsmeditation, Orientalismus und Postkolonialismus. Letzte Buchpublikationen: *Postkoloniale Theologien II.* (Hg., zus. mit Simon Wiesgickl, 2018), *Interreligious Comparison in Religious Studies and Theology* (Hg., zus. mit Perry Schmidt-Leukel, 2016).

Christiane Neuen

Münster. Dr. phil., Lektorin für Psychologie und Lebenshilfe, im Vorstand der C. G. Jung-Gesellschaft Köln e. V., seit 2004 (Mit-)Herausgeberin der Tagungsbände der Internationalen Gesellschaft für Tiefenpsychologie e. V.

Konstantin Rößler

Wörth am Rhein. Dr. med., Arzt für Innere Medizin, tiefenpsychologischer und analytischer Psychotherapeut. 2. Vorsitzender, Lehranalytiker und Supervisor am C. G. Jung-Institut Stuttgart, 1. Vorsitzender der Internationalen Gesellschaft für Tiefenpsychologie e. V., Team- und Fall-Supervisor in der stationären Psychotherapie. Arbeitsschwerpunkte: Aktive Imagination, Analytische Psychologie und Naturwissenschaften, Traum- und Symbolarbeit.

Anke Seitz

Rottenburg. Dipl.-Psych., Analytische Kinder- und Jugendlichenpsychotherapeutin (VAKJP, DGAP), niedergelassen in eigener Praxis in Rottenburg a.N., Dozentin und Supervisorin am C. G. Jung-Institut Stuttgart. Lehrtherapeutin der Deutschen und Internationalen Gesellschaft für Sandspieltherapie (DGST/ISST). Nationale und internationale Lehrtätigkeit. seitz.anke@t-online.de